DES FLÉAUX TERRESTRES,

DES INCENDIES,

DE CELUI DE BERCI,

DE LA GELÉE, DE LA GRÊLE, etc., etc.

(1) Ces deux ouvrages se vendent à Paris, chez Delaunay, Palais-Royal, galerie de bois, n° 248; et chez Bluet, rue Dauphine, n° 18.

IMPRIMERIE DE COSSON, RUE GARENCIÈRE.

DES INCENDIES,

(NOTAMMENT DE CELUI DE BERCY),

DES INONDATIONS

DE LA GELÉE, DE LA GRÊLE.

FLÉAUX QUI TOUS ONT DÉTRUIT DES PROPRIÉTÉS ET PRESQUE TOUTES LES PRODUCTIONS DE LA TERRE, DANS DIX-HUIT DÉPARTEMENS;

SAVOIR :

Le Rhône, Vaucluse, les Basses-Alpes, le Var, la Seine, l'Isère, la Lozère, la Sarthe, la Gironde, l'Ile-de-Rhé, la Vendée, la Moselle, la Côte-d'Or, les Pyrénées-Orientales, le Jura, l'Ain, l'Yonne et l'Aude.

PAR M. GOUGET-DESLANDRES,

Electeur et Eligible, ex-Substitut au Parlement, et ancien Juge à la Cour de cassation, auteur de plusieurs écrits sur l'administration, notamment de la *Nouvelle législation de l'Impôt et du Crédit public en France* (1).

Felix qui potuit rerum cognoscere causas,
Atque metus omnes et inexorabile fatum
Subjecit pedibus, strepitumque Acherontis avari!
Fortunatus et ille, deos qui novit agrestes,
Panaque, silvanumque senem, nymphasque sorores!..

GEORGICON, lib. II.

Prix : 1 fr 25 cent.

A PARIS,

CHEZ DELAUNAY, Libraire, Palais-Royal, galerie de bois, n° 248.
BLUET, Libraire, rue Dauphine, n° 18.

1821.

DES INONDATIONS,

DES INCENDIES,

(NOTAMMENT DE CELUI DE BERCY),

DE LA GELÉE, DE LA GRÊLE.

Considérations et propositions pour faire opérer, dans un très-court délai, l'entière restauration, et la réparation complète des pertes occasionnées aux propriétaires et aux cultivateurs par des fléaux de tout genre qui ont dévasté beaucoup de contrées dans dix-huit *départemens de la France* (1).

1. De grands malheurs sont survenus, et ont opprimé une grande partie des habitans de la France. Déjà, en sortant d'un hiver long et rigoureux, on savait que la gelée, à la suite de grandes pluies, avait atteint et anéanti totalement la récolte des blés dans plusieurs départemens, et qu'elle

(1) Ce sont les départemens déjà indiqués: Le *Rhône*, *Vaucluse*, les *Basses-Alpes*, le *Var*, la *Seine*, l'*Isère*, la *Lozère*, la *Sarthe*, la *Gironde*, l'*Ile-de-Rhé*, la *Vendée*, la *Moselle*, la *Côte-d'Or*, le *Jura*, l'*Ain*, l'*Yonne*, les *Pyrénées-Orientales* et l'*Aude*.

avait ravi les espérances d'un grand nombre de ceux qui cultivent la terre et qui l'arrosent si péniblement de leur sueur. Ce fléau de la gelée a ruiné un grand nombre de cultivateurs qui n'ont pu reprendre leurs travaux que parce qu'ils ont été puissamment aidés pour semer des blés de mars, des avoines et des orges : mais quelle perte! mais à quelle fatale usure peut-être ont-ils été obligés de se soumettre! Poursuivons le récit que nous avons entrepris.

On a vu des inondations, précédées d'ouragans épouvantables, dévaster et détruire des habitations entières, et jeter le désespoir au milieu de nombreuses familles.

Mais dans le cours de cette année surtout, on a été effrayé de la quantité de ces météores, portant avec eux la flamme, les éclairs, et qui ont vomi dans tant de contrées diverses une si grande quantité de grêle : ces orages ont été autant de fléaux totalement destructeurs pour les malheureux pays qui en ont été frappés. Mais, chose plus fatale encore, c'est que la grêle est tombée presque partout sur les contrées dont les blés avaient été gelés, et qui avaient été cultivées et ensemencées pour une seconde fois.

II. Ainsi, par l'effet de tous ces cas fortuits, un grand nombre de communes de la France sont jetées dans une misère profonde, non-seulement pour cette année, mais pour plusieurs autres, puisque la plupart des cultivateurs, totalement ruinés par ces funestes accidens, ne pourront de long-temps reprendre leurs travaux : restés tous sans pain, pourront-ils retourner à leurs charrues? Certes, on doit en être effrayé, puisqu'il ne leur reste ni les moyens, ni la force de reprendre seulement les travaux préparatoires de la culture : pourront-ils être aidés et secourus une seconde fois par leurs voisins, par leurs amis, et si l'on veut même par des usuriers? C'est ce dont on peut douter encore.

Un autre désastre vient d'accabler la capitale : un incendie des plus affreux, des plus épouvantables, survenu le 31 juillet dernier à *Bercy*, a dévoré et des bâtimens utiles et des marchandises, pour la valeur de plusieurs millions. Cet événement réduit à une entière misère les propriétaires qui avaient envoyé dans les entrepôts de Bercy les produits de leurs propriétés, et d'honorables négocians qui, par leurs spéculations utiles, favorisaient la vente des récoltes de nos vignobles, et procuraient par là les moyens de les faire renaître et de les voir se reproduire.

Il va devenir indispensable d'entreprendre le tableau sommaire, mais si déchirant, de tant de désastres : cependant tout le monde les connaît, tout les citoyens en sont affligés. La preuve de ce sentiment d'une douleur générale est indiquée par les diverses souscriptions volontaires qui font tant d'honneur, et à ceux qui les ont proposées pour réparer à la fois tant de genres de pertes (1), et à ceux qui y répondront (2) par les sacrifices qu'il leur sera possible de faire en faveur du malheur. Nous reviendrons dans un moment à ce détail de nos calamités.

Mais, si ces actes d'une bienfaisance louable et bien appliquée, manifestent que l'on voudrait réparer toutes les infortunes et rétablir les victimes dans leur avoir, on ne sait que trop que ce désir et ces empressemens ne produiront que très-peu de chose.

La générosité des uns sera insuffisante; la bonne volonté des autres sera paralysée par une idée fâcheuse que l'on prend de l'exiguité des produits que peuvent présenter ces secours. L'on voit trop souvent que toutes ces dispositions isolées, que tous ces sacrifices particuliers ne produisent presque rien : la raison la plus juste en est qu'on attend toujours qu'une mesure prise en commun vienne généraliser ces actes de bienfaisance, afin d'en obtenir des effets

---

(1) On doit citer honorablement le nom de M. *Gonot-Chevalier*, rue des Fossés-Saint-Germain-l'Auxerrois, n. 14 et 16.

(2) Les souscriptions sont peu nombreuses; ainsi, jamais on ne pourra atteindre le but qu'on s'est proposé par ce moyen.

vraiment salutaires, assez puissans pour réparer le mal et pour guérir toutes les plaies.

Il faut le dire, et l'on peut à cet égard faire quelques reproches (si toutefois il est permis de quereller le malheur); il faut le dire, on n'a pas assez cru au système des assurances *mutuelles* et des assurances *à primes* ou commerciales. Si tous les objets perdus, anéantis par les fléaux, dévorés par les flammes, eussent été assurés, la société, il est vrai, aurait encore à gémir sur toutes ces pertes; mais au moins elle serait rassurée sur le sort des victimes pour l'avenir, puisque celles-ci auraient l'appui qu'elles se seraient donné pour recouvrer tant de denrées perdues et pour pouvoir reconstruire leurs bâtimens.

Mais ces moyens, tirés du système des assurances, n'existent que pour ceux des incendiés qui se sont fait assurer par la Compagnie *des quatre départemens*, et, puisqu'il s'agit d'employer pour les autres la puissance des secours, il faut recourir tout simplement à d'autres moyens, et en faire opérer la généralisation : c'est à cela qu'il faut tendre aujourd'hui. Ce sera l'objet de cet écrit, que nous ont particulièrement inspiré les malheurs survenus par l'effet de l'incendie des magasins de *Bercy*. Ainsi, tout ce qui va être dit dans l'intérêt de ceux qui ont été frappés par d'autres fléaux se rattachera à ce funeste événement de *Bercy*, qui est devenu pour nous l'occasion de cet ouvrage, d'autant plus nécessaire, que l'on sait aujourd'hui que la proposition des souscriptions volontaires n'a presque rien produit, et ne produira plus rien.

III. Mais avant de s'en expliquer, il paraît nécessaire de présenter quelques idées saines à l'égard des droits acquis sur la société tout entière, par ceux qui, ayant travaillé pour les intérêts divers de la grande communauté, sont privés non-seulement des bénéfices de leur industrie et des fruits de leurs travaux, mais qui se trouvent entraînés dans une ruine totale par des événemens de force majeure, indépendans de la volonté de l'homme.

Il faut d'abord poser un principe duquel découleront des corollaires judicieux auxquels on sera forcé de se rendre. Le principe est que la civilisation qui nous régit et qui s'agrandit tous les jours nous assigne des obligations réciproques, et par conséquent établit des droits en faveur de tous les membres de la société, lorsqu'ils travaillent et lorsqu'ils s'occupent utilement. *Benigni..... estote invicem,..... et non erit omninò indigens et mendicus inter vos* (1).

Ces droits sont plus ou moins étendus, selon que ces individus sont plus ou moins utiles à tous les travaux : ces maximes, toutes sociales, toutes religieuses, doivent produire de grandes choses, si l'on sait les bien appliquer.

Ces idées philosophiques autant que pieuses ont été publiées *il y a trente ans* (2) par celui qui reprend la

---

(1) Deut., cap. 15.

(2) Ce fut en 1791, et à la suite de plusieurs propositions sur les finances, que j'indiquai le système général des assurances contre les épizooties, contre les inondations, contre la gelée et surtout contre la *grêle*, fléau si destructeur! Je proposai dans le même écrit *une caisse d'épargnes* pour les ouvriers et les serviteurs des deux sexes : enfin, je m'y occupai de beaucoup d'autres institutions utiles et faites pour améliorer le sort des hommes.

C'est depuis la restauration que j'ai rappelé les propositions que j'avais faites sous le gouvernement de Louis XVI. Je les ai toutes renouvelées dans l'ouvrage connu sous ce titre : *Nouvelle législation de l'impôt et du crédit public en France ;* ouvrage que j'ai eu l'honneur de présenter à sa majesté : il a pour objet un plan général de finances.

Déjà quelques succès ont couronné mes efforts : les compagnies d'*assurances mutuelles* contre l'incendie s'établissent partout, à l'exemple de celle que j'ai formée pour les quatre départemens environnant Paris.

La caisse d'épargnes pour les ouvriers et pour les domestiques, institution sur laquelle j'ai écrit avec la pureté de mon cœur et avec la chaleur de mon âme, cette caisse d'épargnes est enfin établie : elle marche couronnée d'un plein succès. Le roi vient de l'honorer d'une grande confiance par le placement de petits ca-

plume pour les reproduire avec une nouvelle tenacité, puisqu'elles n'ont point encore produit tous les résultats qu'on devait en attendre. La philosophie parle et écrit ;

---

pitaux sur les têtes de deux cents enfans que la pauvreté de leurs parens a désignés à la bienveillance de sa majesté.

Cette institution cependant n'embrasse que le système de l'*accumulation des épargnes*, et n'est pas généralisée à l'égard de tous les ouvriers et de tous les serviteurs des deux sexes, puisque le dépôt des épargnes est tout-à-fait libre et volontaire. Je demandais que la mesure fût de rigueur; qu'elle s'étendît à tous les individus par une retenue sur les salaires ; et en même temps je démontrais la nécessité de les placer tous sous la surveillance d'une police spéciale, police qui devient tous les jours de plus en plus indispensable..... Attendons le MIEUX du temps et de l'expérience.

Mais l'institution des assurances contre les inondations, contre la gelée, et surtout contre la *grêle*, reste en arrière ; car les compagnies qui se présentent ne peuvent guère remplir l'objet de ce vaste système. Cette grande institution, pour être ce qu'elle doit présenter dans ses résultats, ne peut être placée que dans le domaine de l'administration publique, qui seule a les moyens de faire apprécier les dommages et d'en supporter la charge.

Ainsi, il est permis de douter si des compagnies d'assurances à *prime* pourront jamais porter un semblable fardeau : hors de tout intérêt, je parle et dans celui des compagnies elles-mêmes, et dans celui de tous ceux qui seraient disposés à prendre confiance en ces établissemens particuliers.

Cependant on ne doit pas s'opposer au développement de ces entreprises : au contraire, on doit faire des vœux pour le succès de ces institutions philanthropiques, disposées pour le bonheur des hommes.

Je reviens aux divers écrits que j'ai publiés sur quelques points de l'administration publique. Ces écrits, au moins, auront donné la preuve de mon attachement à la patrie et à notre gouvernement. Ils sont faits pour faire juger du caractère, de la conscience et de la morale, qui ont dirigé l'auteur dans toutes les actions de sa vie ; ils resteront à ses enfans comme la preuve de ses efforts pour bien faire, et peut-être comme des titres à la reconnaissance publique, mais sa doctrine n'est utile qu'autant que la théorie est appliquée par la pratique ; et, par exemple, dans l'état actuel des choses dont nous traitons, cette philanthropie ne peut devenir avantageuse qu'en obtenant la distribution des bienfaits qu'elle annonce et qu'elle promet dans les résultats d'une institution publique.

C'est en suivant ce que prescrivent les aphorismes de la matière et les principes de notre école ; c'est en les soumettant pour l'exécution à des réglemens administratifs, qu'on arrivera à ce résultat si désiré, qui, comme système de finance, deviendra indubitablement par la suite le domaine de toutes les nations civilisées. C'est ainsi que l'on parviendra à relever l'industrie et l'agriculture de tous les malheurs et de tous les désastres sous lesquels des événemens et des cas fortuits les auraient fait fléchir ; c'est cette restauration qu'il s'agit de faire instituer en forme de *créance réelle* sur la société : ce sera là notre MUTUALITÉ : *Emolumentum societatis suæ* (1).

IV. Des hommes hardis et industrieux font construire des maisons ; ils établissent des entrepôts dans lesquels ils font arriver toutes sortes de marchandises, que le simple

---

toujours assez tardive dans les témoignages qu'elle accorde : ils existeront pour s'élever en sa faveur et pour le défendre. Enfin, ils sont la réponse à ces accusations extravagantes, bizarres, ridicules, toutes calomnieuses, par lesquelles on poursuit si souvent ceux qui obtiennent quelques succès. Au surplus, c'est au sein de sa famille, c'est avec le travail, que l'homme de bien se console des injustices, et qu'il sait se séparer des méchans..... *Ab homine iniquo et doloso erue me*..... Que ceux-ci, après tout le mal qu'ils ont fait, cherchent et trouvent s'ils le peuvent encore quelque repos !... Mais non, dans ces prisons où ils ont mérité d'être jetés pour le reste de leurs jours, il faut les abandonner à leurs remords et à leurs tourmens.... *Avertantur retrorsum et erubescant qui volunt mihi mala !*...

(1) Eccles., 11, v. 9.

particulier ne pourrait pas aller chercher au loin, sans nuire à sa profession et sans se jeter dans une dépense trop forte. Certes, ces hommes industrieux, qui d'abord ont spéculé pour leur propre intérêt, ont en même temps travaillé pour toute la société. En effet, soit qu'on vende, soit qu'on achète, elle participe aux avantages que procurent ces entrepôts qui présentent l'utilité de distribuer entre tous les citoyens des économies de temps et d'argent, et de répandre sur toutes les classes de la société des bénéfices, ou tout au moins des épargnes de tous les jours.

Si l'on jette les regards plus haut, on voit des hommes qui établissent des manufactures; on en voit qui cultivent la vigne; d'autres qui labourent la terre; et enfin on remarque ceux qui versent sur les marchés publics les productions qu'ils ont récoltées eux-mêmes ou qu'ils ont réunies pour les revendre.

Les uns et les autres, les premiers comme les derniers, tous ont acquis le droit incontestable de dire, *qu'en travaillant dans leur intérêt, ils ont indubitablement opéré pour la société une réduction sur le prix des marchandises*, en en augmentant l'abondance, soit par la culture, soit par le mouvement : la concurrence qu'ils se sont efforcés d'établir sur les marchés publics a continuellement produit cet effet (1).

Certes, il convient que l'industrie et le travail soient ré-

---

(1) Cet effet est celui que produisent les *entrepôts* pour les marchandises de toute nature : ceci s'applique plus spécialement à ceux de *Bercy*, si utiles près d'une ville qui consomme autant de vins que Paris. Aussi, les principes qui vont être exposés seront applicables autant aux malheurs qui ont frappé *Bercy* qu'à ceux qui ont accablé tant d'autres communes dont nous allons déplorer les désastres. Il était peut-être nécessaire de faire réunir tant de malheurs dans un seul tableau, afin d'entraîner toutes les intentions et de soumettre toutes les consciences.

compensés ; il est juste que ceux qui achètent pour revendre fassent des bénéfices : c'est le pacte tacite de la société ; il existe comme s'il était consenti par écrit. N'intervenons point dans les marchés pour en mesurer les avantages éventuels et pour appliquer des compensations ; ne nous mêlons ni des bénéfices ni des pertes sur les marchés de nos négocians : mais accourons au secours de tous, lorsque leur ruine est causée par des accidens de force majeure.

Ainsi, tous ceux qui exercent une industrie, ceux qui inventent, ceux qui fabriquent, ceux qui entreprennent des améliorations, soit pour l'avantage du commerce par des communications utiles, soit pour l'utilité des arts par des procédés nouveaux et économiques, et enfin pour l'amélioration de l'agriculture par d'autres soins et par de nouvelles méthodes : tous, sans exception, n'ont pas pu travailler avec utilité pour eux, sans verser en même temps sur la société des avantages communs, sans faire partager à tout le monde des bénéfices et des économies qui méritent protection.

Ainsi l'industrie, le commerce, l'agriculture, que nous personnifions ici, ont acquis des titres à la reconnaissance publique, et à une justice toute autre que celle qui se rend bien ou mal dans les tribunaux ; toute autre que celle-ci, disons-nous, puisque, souvent gênée par d'indispensables formalités, elle se trouve forcée de ravir un droit ancien, ou de méconnaître la légitimité d'un héritage. Notre justice sera la providence de Dieu qui fait tomber la manne du ciel pour nourrir les hommes.

Oui, tous les citoyens utiles, dont on vient d'indiquer les professions, ont un droit réel, ils ont un droit acquis à une justice qui est de rigueur, mais justice paisible, justice pure, toute sainte, toute religieuse, qui n'exigera que la connaissance du malheur pour lui appliquer complétement le résultat des calculs de la raison, de la bienfaisance et du vrai patriotisme.

V. Les idées philanthropiques et judicieuses, je l'espère, échaufferont mon âme et enflammeront mon cœur ; elles donneront de la vie à mes pensées, et de la vérité à mes raisonnemens. Je vais discuter sur une matière qui jusqu'à présent n'a point été approfondie ; je vais traiter d'une institution sublime. Désirons que mes raisons soient convaincantes, qu'elles deviennent persuasives, qu'elles puissent nous obtenir l'établissement du système que je sollicite depuis trente années. Je le reproduirai ce plan, tant que quelque peu de terre n'aura point encore recouvert ma cendre; je reste trop persuadé que ce système financier doit contribuer à constituer le bonheur et le repos des hommes, pour devoir m'imposer la loi du silence : j'écrirai, j'oserai écrire jusqu'à ce que j'aie pu me faire entendre, jusqu'à ce que j'aie réussi à amener le résultat qui semble tous les jours devenir plus nécessaire.

Ecoutez-moi, vous qui, réunis dans un conseil, formez la puissance publique ; vous, ministres d'un monarque auguste et philosophe, qui veut tout voir, tout juger, tout faire exécuter par vous : ne rejetez point une idée si utile et si grande ; ne repoussez point celui qui l'a conçue, et qui l'a publiée il y a trente ans. Pendant que vous tenez le timon des affaires, sachez attacher vous-mêmes aux fleurons d'une couronne civique le succès d'une belle et grande conception qui, parmi les objets qu'elle embrasse, ne restera pas indifférente à la conservation du gouvernement qui lui aura donné l'existence.

VI. On aurait à écrire un livre tout entier sans pour cela avoir terminé la discussion qui va nous occuper, surtout si l'on voulait entreprendre d'établir et de démontrer jusqu'à l'évidence que tous les impôts *indirects* sont supportés par la terre ; que les impôts *directs*, qui indiquent positivement la terre et ses productions d'une manière si spéciale, ne sont point les seuls qu'elle acquitte, et que toutes les contributions, de quelque genre qu'elles soient, viennent s'accumuler sur le sol. Nous ne voulons point entreprendre cette grande discussion : nous renverrons, pour la preuve, aux économistes qui ont traité de la matière, et qui ont établi si lumineusement que la terre, comme *propriété*, supportait *seule* toutes les charges de quelque nature qu'elles fussent.

Mais, tirant de cette preuve reconnue évidente par le raisonnement, tous les avantages dont nous pouvons profiter, nous dirons que puisque l'impôt, quelle que soit sa nature, est la dette que la terre acquitte *toute seule* (1), la perte des productions de cette même terre cultivée devient à son tour l'objet de la dette de la grande société; dette qui se trouve indubitablement assignée, et sur l'impôt, quelle que soit sa nature, et sur l'emploi de l'impôt, quel que soit celui qui doit recevoir une partie de ses produits, en sa qualité de créancier de l'Etat.

Ainsi les impôts, tels que nous les considérons, doivent donc être envisagés comme une *avance*, comme une *économie* que tous les contribuables doivent retrouver dans des temps de pertes et de calamités imprévues.

Cette doctrine est si équitable, que l'on juge déjà que la loi que l'on sollicite depuis long-temps pour faire restituer aux propriétaires ou aux cultivateurs les fruits, les productions du sol qui par des cas fortuits leur ont été enlevés, que l'on juge que cette loi n'aurait pas dû se faire attendre, et depuis long-temps on aurait dû dire de nous : *En populus sapiens et intelligens, gens magna, qui habet universam legem justaque judicia* (2).

Il s'agit ici de créer non un bureau de charité ; il s'agit de disposer non sur des secours insuffisans et même incertains ;

---

(1) Oui, c'est la propriété, c'est la terre qui, en dernière analyse, supporte *seule* tous les impôts, en ce que l'homme industrieux sait très-bien, par le prix qu'il sait mettre aux marchandises qu'il débite, se rembourser de toutes les taxes *indirectes* qu'il avance.

(2) Deut., cap. 5, 6 et 8.

mais il est question de reporter la valeur de la production où elle a manqué par la force majeure d'événemens indépendans de la volonté de l'homme. La justice écrite au code des nations civilisées le prescrit ainsi : elle veut qu'on restitue à ces victimes infortunées, elle commande même qu'on leur rende tout ce qui leur a été enlevé, tout ce dont la privation entraînerait par la suite, et indubitablement pour tout le monde, d'autres pertes plus considérables encore.

Ne laissons pas plus long-temps le propriétaire, l'homme industrieux, le cultivateur, dans cet état de gêne, de privation et de souffrance : cette situation pénible arrache au travail des hommes qui resteraient privés long-temps de tous les moyens de le reprendre.

Ce sont ces graves inconvéniens qui portent toujours le découragement à son comble : ainsi, pour éviter tant de mal, rendons à tous, rendons au laboureur surtout, les moyens de faire reproduire pour lui comme pour la société de nouvelles richesses, fruits de son travail et de sa culture, ce qui a toujours pour objet de procurer l'abondance.

Ainsi, à l'égard de notre institution, que le *trésor public* cesse de l'être de *nom* seulement, et qu'il le devienne de *fait :* que les propriétaires, que les cultivateurs, unis par une sorte de fédération, par des secours réciproques; liés entre eux par une puissance publique, veuillent enfin constituer cette mutualité si utile et si nécessaire : *En populus sapiens et intelligens, gens magna, qui habet universam legem justaque judicia.*

Cette mutualité deviendra le plus sublime système dans notre civilisation : elle produira pour nous, comme pour les âges à venir, la paix, la tranquillité et un perfectionnement dans l'art de cultiver la terre, qui en fera doubler et tripler les produits : quelle richesse pour tous les individus! quelle autre récolte pour le trésor de l'Etat! dès lors, les impôts, seront payés sans éprouver des non-valeurs, et par la suite ils pourront produire davantage, en raison des améliorations du sol, qui marchent toujours avec la prospérité du cultivateur.

On convient que *l'on doit des secours au cultivateur qui a été ruiné ; que l'on en doit pareillement à l'homme industrieux qui a souffert par suite de désastres et de malheurs :* on sait que l'administration publique se fait un devoir d'en répandre ; mais on sait aussi que ces secours sont toujours très-exigus. Pourquoi, dans les circonstances qui demandent à être prises dans la plus haute considération, pourquoi n'employer que des moyens insuffisans, quand une indemnité entière et complète ne peut pas être de trop. C'est pour réparer ces torts que la loi qui aura pour objet de généraliser ces secours et de les étendre à toutes les choses détruites, que cette loi doit établir un droit et un principe. Ce *droit* et ce *principe* doivent consister à reconnaître que les dommages dont nous nous expliquons sont l'objet d'une *dette réelle sur la société :* cette loi doit déterminer en même temps que les victimes des fléaux de tous les genres seront, sans aucune préférence, indemnisées promptement et intégralement : *Et nulla erit distantia personarum, ita parvum audieris ut magnum* (1).

VII. Le propriétaire, le négociant, ruinés par *l'incendie*, comme il est arrivé à *Bercy ;* le cultivateur appauvri par des inondations, par la gelée et surtout par la grêle qui détruit tout, qui dévaste et qui ajoute la terreur au désespoir ; tous également accablés, pour ne pas dire jetés dans la plus affreuse misère, ne sont plus en mesure, ni les uns de pouvoir reconstruire leurs habitations et leurs magasins, ni les autres de pouvoir cultiver leurs champs : ils abandonneront donc leurs différens travaux ; ou, s'ils veulent encore essayer de les reprendre, ils seront forcés de recourir aux usuriers, qui finiront par les dépouiller de ce qui peut encore leur rester en meubles, en marchandises et en

(1) Deut., cap. 1, v. 17.

bestiaux : or, l'on sait que la misère enfante la misère. Ainsi, les malheureuses victimes de tous ces désastres tomberont infailliblement dans l'état de dénûment le plus absolu et le plus affligeant. Cependant, naguère ils étaient eucore les pourvoyeurs de tous nos besoins, ils étaient encore les pères nourriciers de la grande société.

C'est ici surtout qu'il faut se rappeler que les propriétaires, que les cultivateurs, paient par la répartition des impôts *directs* auxquels ils sont assujettis, qu'ils paient et qu'ils acquittent toutes les charges de l'Etat sans exception; il faut se ressouvenir qu'il estd'une vérité exacte que c'est la propriété, que c'est la terre qui les supporte toutes, et que l'industrie n'en acquitte une partie qu'en apparence.

En effet, d'après tous les calculs de l'économie politique, le réel état des choses, quant au système des impôts, se constitue par ses résultats, tel qu'on vient de l'indiquer. C'est le mouvement d'action et de réaction, donné à l'impôt dans toutes les filières par lesquelles on l'introduit, qui sert à démontrer ce point de vérité. Ce fut toujours la forte raison qui avait porté tant d'économistes à proposer un impôt *unique* (1), celui qui ne serait assis que sur la propriété, que sur la terre qui produit toutes les choses.

Quoi donc! il serait avoué en principe que c'est la terre qui acquitte toutes les contributions; il serait mathématiquement démontré que les impôts *indirects*, soit qu'ils soient *somptuaires*, soit qu'ils soient établis sur les *consommations*,

---

(1) Le système de l'impôt *unique* a dû être rejeté, à raison de ce qu'il faut que tout le monde soit lié à l'Etat par l'impôt. L'impôt ainsi acquitté par tout le monde, soit comme *direct*, soit comme *indirect*, paraît moins onéreux; d'ailleurs il établit une circulation, et un mouvement d'espèces, qui deviennent utiles aux transactions du commerce.

viennent tous frapper la terre, essence de toutes les richesses du monde, et l'on se refuserait à considérer ces tributs comme ayant dû former une avance, une réserve pour ceux qui les ont fournis du produit de leurs champs; on oserait se refuser à les écouter, quand ils sont forcés de recourir à cette épargne faite par eux-mêmes. Certes, ce serait là la plus criante des injustices; ce serait la plus scandaleuse de toutes les ingratitudes.

Ce n'est point une grâce que l'on demande pour ces honorables cultivateurs; ce n'est point une bienfaisance que l'on sollicite pour nos propriétaires : c'est une participation à une réserve de *fonds publics*, à laquelle ils ont le droit le mieux acquis et le plus certain.

VIII. On ne doit point s'arrêter à des difficultés puisées dans tous ces calculs imaginés par des épilogueurs qui veulent réduire les faits et les nombres à une trop simple expression; qui n'imaginent quelques difficultés que pour retarder les bienfaits d'un système d'administration toute paternelle.

Qu'importe que tel canton soit plus ou moins exposé aux fléaux destructeurs? Qu'importe si, de mémoire d'homme, certaines contrées ont toujours été préservées des désastres? Ne peut-il pas survenir des intempéries qui viendront les frapper à leur tour?

L'exploitation d'une ancienne forêt, le déplacement inattendu de quelques grandes rivières, l'accumulation des eaux par la chute d'un pont ou par la ruine d'une chaussée, un tremblement de terre qui ne sera que local, la disparition d'une montagne, l'incendie d'une grande forêt, les fureurs d'un volcan ancien ou nouveau, l'explosion d'un magasin à poudre (1), le feu du ciel, le feu mis à des

(1) Les moulins à poudre d'Essonne viennent d'être détruits par une troisième explosion qui aurait pu anéantir la ville de Corbeil. Qu'il eût été épouvantable ce malheur, auquel ses habitans viennent

récoltes sur pied soit par accident, soit par malveillance : tant de choses imprévues peuvent survenir, que l'on doit réprouver tous ces raisonnemens d'un égoïsme tout-à-fait local, et les faire fléchir sous la puissance d'une justice mieux entendue.

Si la grêle a dévasté les campagnes du midi, la gelée aura désséché les blés du nord ; si les inondations ont détruit dans les vallées les guérets et les fermes, les vents auront fait disparaître et les arbres et les habitations des hautes montagnes. Il y a compensation entre tous les climats, dans tous ces événemens du malheur, et le mieux est de se consoler et de se secourir ensemble, en repoussant tout ce qui tendrait à s'isoler, lorsqu'au contraire il s'agit de s'unir et de se *mutualiser*.

On le répète encore, si l'on avait à écrire un livre sur la matière que nous traitons, il ne serait pas difficile d'écarter les raisonnemens presque impies de tous ces froids calculateurs, de ces frondeurs des principes de notre école ; il serait surtout facile de les combattre par une explication simple et néanmoins mathématique.

En effet, on rencontre tous les avantages d'une compensation réelle et qui s'établit d'elle-même entre la très-petite portion de secours dont il s'agit de disposer en faveur de nos victimes, et l'augmentation sensible et toute naturelle des denrées et des productions conservées au milieu des désastres. Que sera-ce encore, si l'on compare les avantages des propriétés épargnées avec les inconvéniens de l'avenir

---

d'échapper ! Soixante-douze milliers de poudre d'un autre dépôt n'ont été séparés de la combustion que par le dévouement héroïque des citoyens pompiers de cette ville. Je regrette de ne pouvoir citer honorablement et sans exception tous leurs noms.

Les maisons de Corbeil sont assurées pour la plupart : cependant, si la ville eût été emportée, quel reproche n'auraient pas à se faire ceux qui ont refusé de s'associer à la mutualité et ceux qui la querellent, surtout si leurs motifs sont semblables à ceux que l'on réfute.

qui, pour l'année à suivre, menacent encore les propriétés dévastées, puisque les récoltes que l'on en attend sont toujours éventuelles.

Mais, doit-on compter pour rien cette mutualité de secours, considérée dans son principe et dans son objet? Le système qui en dérive n'établit-il pas que les sacrifices du jour ne seront qu'une avance, ne seront qu'une économie et une réserve pour l'avenir, puisque dans les circonstances de semblables accidens, on retrouvera pour soi tout ce qu'on aura fait pour les autres.

Opposons une réponse plus simple et plus raisonnable encore, puisée dans l'esprit même de l'institution. Les hommes ne sont réunis en société et sous des gouvernemens réguliers que pour se soutenir, que pour se soulager mutuellement; la société, qui tend toujours à se civiliser davantage, doit avouer ce principe, *que tous les hommes doivent se secourir :* la charité, cet amour de son semblable, qui électrise, qui élève aujourd'hui chez toutes les nations les vertus nobles et généreuses, veut que les hommes vivent les uns par les autres, et les uns pour les autres (1); c'est même un fondement religieux pour les peuples qui ont cessé d'être sauvages, et qui croient en une divinité juste, paternelle et protectrice.

La nature n'est-elle pas une mère commune qui nous appelle tous à profiter de ses largesses, et à participer à tout

(1) Les fonds de retenue pour former la dotation des invalides, ceux pour établir des retraites pour les employés de tous les ministres et de toutes les administrations, les secours volontaires donnés par les ouvriers à ceux de leurs camarades tombés malades ou devenus infirmes, les bureaux de bienfaisance formés jusque dans les petites communes : toutes ces choses, établies par des institutions écrites ou non écrites, sont-elles autres que l'application de notre système, à cette différence près, que celui-ci doit embrasser des besoins mieux exprimés, et qu'il doit être établi sur une plus grande échelle.

ce qu'elle produit ? Ne serait-ce pas à l'égard de ceux qui ont cultivé la terre et qui l'ont arrosée de leur sueur, ne serait-ce pas une iniquité absolue, qu'ils fussent repoussés de ce partage, quand on ne le demande pour eux qu'à raison d'événemens dont la crainte même n'aurait point ralenti ces travaux réguliers, qui ont fait produire des fruits en abondance... « *Confiteantur tibi populi omnes, terra dedit fructum suum* (1). »

IX. Vous qui faites des calculs tout différens des nôtres, éloignez-vous ; vous n'aimez ni la justice, ni les hommes, ni la patrie. Mais vous qui accédez avec empressement à nos propositions d'assurer le bien-être de tous, ajoutez à des jouissances si pures la connaissance de tout le bien moral que votre justice va faire produire.

L'homme qui cultive la terre continuera ses labeurs avec une sécurité parfaite, quand il sera assuré des fruits de son travail : il tenait de lui-même le peu de bonheur qu'il pouvait goûter ; mais, dès lors, il lui semblera qu'il vous le doit ; sa reconnaissance ennoblira ses peines : l'on sait que la reconnaissance, ce sentiment de justice, améliore les hommes de toutes les classes, et adoucit toutes les passions : cette sorte de piété l'attachera davantage à son sol natal et à sa patrie.

Sans doute la terre a par elle-même tout ce qu'il faut pour retenir son maître et pour le fixer à des labeurs constants ; mais, par suite de cette reconnaissance, d'autres vertus s'uniront davantage à l'amour de son travail : une saine morale viendra se lier aux idées d'ordre, d'économie et de justice que la propriété une fois garantie saura faire produire ; il conversera avec la terre en la sillonnant, et la terre l'instruira à connaître un bien public, car toutes les vertus sont écrites sur le soc de la charrue. L'homme industrieux, cosmopolite, toujours vendu à celui qui désire des jouis-

---

(1) Psalm. 66, v. 5.

sances, s'accommode aisément partout, même au milieu de toutes les corruptions ; il porte avec lui son domaine, et sa patrie est là où le riche l'encourage : il peut bien se glorifier du pouvoir qu'il a de créer de nouvelles choses..... Mais le laboureur qui jette la semence dans la terre attend la production de la main invisible de la Divinité... « *Ne oderis laboriosa opera et rusticationem qui venit ab altissimo* (1). » Son acte de foi est de tous les jours et de toutes les heures : il prie, il adore, il remercie, et de hautes pensées l'accompagnent et le soutiennent dans ses travaux. Ainsi, morale, justice, religion, tout naîtra de ces sentimens de piété et de reconnaissance ; tout se développera sous l'heureuse influence de notre agriculture que vous aurez soutenue, encouragée et fait renaître par devoir, par équité et pour votre propre intérêt... « *Et nubes pluant justum* (1). »

X. L'exposition qu'il nous reste à faire des désastres qui ont désolé notre terre natale est sans doute bien pénible : cependant ces malheurs n'ont pas été aussi multipliés qu'on aurait pu le craindre, quand on se rappelle que c'est coup sur coup qu'ils sont venus frapper. S'il en fût arrivé autrement, certes, il n'y aurait eu aucun moyen d'y remédier, car tout le monde souffrirait à la fois, et personne ne serait en état de venir au secours de toutes les victimes.

Nous allons nommer les départemens et indiquer en gros les pertes, suites énévitables de ces fléaux de tous les genres, qui ont accablé une partie des propriétaires et des cultivateurs de la France.

En premier lieu, les gelées ont détruit les oliviers dans les départemens du *Rhône*, de *Vaucluse*, des *Basses-*

---

(1) Ecles. Cap. 7, v. 6.

(2) Isaïe. Cap. 45.

Alpes et du *Var*: c'est surtout le département du *Var* qui a le plus souffert.

Les oliviers y sont en partie desséchés jusqu'aux racines. Si la gêne et la misère ont toujours été pour ces pays le résultat d'une récolte ou manquée ou médiocre, que ne sera point pour les infortunés habitans de ces départemens la destruction totale de leurs propriétés? Que doit produire chez les habitans de ces contrées malheureuses ce désespoir de ne pouvoir espérer de récolte qu'après une replantation nouvelle et une longue suite d'années (1).

Non-seulement il faut venir au secours de ces propriétaires et de ces cultivateurs infortunés, en raison de leurs privations actuelles et de leurs besoins à venir; mais il faut le faire encore dans l'intérêt du gouvernement qui verrait exporter et perdre pour long-temps une partie du numéraire de France, pour payer chez l'étranger des huiles dont on ne peut plus se passer aujourd'hui. Cette importation des huiles ne saurait être balancée par aucune autre exportation nouvelle de nos productions, destinée spécialement par le commerce à établir une compensation propre à rappeler le numéraire sorti du royaume pour payer des denrées que refuserait notre sol.

Les oliviers ne sont pas les seules propriétés qui aient été atteintes par la gelée : les vignes de toutes ces contrées l'ont été pareillement dans l'essence du bois qui porte le fruit et qui l'annonce par avance : il faudra plusieurs années pour rappeler les moyens végétatifs de la reproduction : cependant

---

(1) Le mal est si grand, que l'administration et la science se sont unies pour y porter tous les genres de secours. Tandis que les administrateurs sollicitent pour ce pays malheureux des indemnités et des appuis à l'infortune, l'académie de Marseille propose au concours *de déterminer les moyens les plus propres à réparer promptement les désastres qu'ont souffert les oliviers par le froid de janvier dernier.* — MINERVE LITTÉRAIRE, pag. 13, n° 1er.

ces cantons, naguères, étaient toujours ombragés par des arbres vigoureux et toujours verts, sur lesquels il semble aujourd'hui que la flamme dévorante d'un volcan se soit promenée pour dessécher le sol, et pour le rendre plus aride peut-être en apparence, que les sables brûlans de l'Egypte. Tel est le tableau déchirant que présentent ces climats, qui, de toute la France, étaient les seuls qui pouvaient être mis en regard avec ceux de la belle Italie, dont l'heureuse culture a été si élégamment chantée par le poète de Mantoue :

« Hic ver assiduum, atque alienis mensibus æstas (1). »

XI. Si tous ces désastres ont rendu nécessaire la disposition d'un fort capital pour soulager les habitans de ces tristes contrées, on doit ajouter que ce qui en sera accordé comme premier secours sera loin d'être suffisant, et qu'en leur assignant tout ce qu'ils ont droit d'attendre, il s'agira de disposer d'autres ressources pour établir en leur faveur un autre dégrèvement tout aussi impérieusement prescrit. Ce dégrèvement doit s'entendre des subsistances nécessaires pendant la longue révolution des stériles années à courir jusqu'à la reproduction des oliviers et de la vigne; car il s'agit enfin de donner du pain à ceux qui en manquent, ce qui ne peut jamais être refusé : *Si esuerit, ciba illum : si sitierit, da ei quàm bibere.* Ce n'est qu'ainsi que l'on pourra s'acquitter envers tant de victimes de cette dette générale et commune à la société. D'ailleurs on a vu que la société est intéressée sous d'autres rapports à ce que la culture des oliviers ne soit point abandonnée.

Un semblable système de secours est le véritable libéralisme : celui-ci ne consiste point à contredire les idées de justice, de sagesse, de précaution : au contraire, il les

(1) Georg., lib. II.

fixe, il en développe tous les avantages, il en rallie tous les élémens. Le libéralisme n'est pas dans les hommes ; il est dans les choses, dans les institutions, dans les lois.

XII. Les dernières gelées de cette année ont porté atteinte aux productions de la terre dans plusieurs climats : ce fléau de la nature est pour ainsi dire silencieux : il ne fait pas le bruit de la grêle qui tombe avec fracas, qui frappe, qui effraie, qui est toujours précédée de détonations et de l'éclat du feu du ciel ; qui jette partout la terreur et l'épouvante : aussi, on a beaucoup moins parlé de la gelée des blés, de ses effets funestes et de la nécessité où l'on a été, dans tant de parties de la France, de les remplacer par d'autres semailles ; on en a moins parlé, disons-nous, qu'on ne l'a fait du fléau de la grêle, en s'apitoyant sur les cantons qui en ont été frappés.

Mais si le mal produit par la gelée survenue sur les blés, dans beaucoup de départemens, n'a pas l'inconvénient de la gelée sur le bois de la vigne et sur celui des oliviers, on veut dire, celui de faire ressentir ses effets pendant plusieurs années, il n'a pas laissé que d'être infiniment funeste, autant par la privation du grain qu'on avait l'espoir de récolter, que par la privation des pailles destinées aux engrais et aux bestiaux : celles des blés perdus par la gelée auraient été bien supérieures à celles des blés de mars, à celles des orges et des avoines qui sont les seuls grains par lesquels on a remplacé les premiers blés.

Ainsi, comme ces gelées, toutes locales qu'elles aient été, sont aussi des fléaux de cas fortuits qui occasionnent de grandes pertes ; que tous les événements indépendans de la volonté de l'homme, sont de la nature de ceux qui appellent les secours de la société, les gelées exigent un dégrevement tout aussi intégral que les autres désastres, car il s'agit de restituer au cultivateur ce qu'il a perdu, n'importe par quel fléau ; il s'agit de lui rendre ce qu'il a droit de demander, comme créance incontestablement acquise sur les autres productions de la terre.

Cet appel, sans contredit, est devenu, ainsi qu'on vient de le dire, un droit certain chez les peuples qui sont régulièrement gouvernés. Si l'on refuse de répondre à cet appel, on sera autorisé à dire que l'on est encore loin des bienfaits de cette civilisation si vantée dans nos fastes. Il y a plus, on sera autorisé à écrire que l'on a mérité de voir notre siècle se reculer, et nous reporter au temps où les hommes, sans pitié les uns pour les autres, sacrifiaient à leurs besoins naturels par la violence, et ne s'occupaient que des moyens de conserver, de défendre les proies qu'ils s'étaient appropriées par le droit du plus fort.

XIII. Quant à cet épouvantable fléau de la grêle, partout il a fait jeter les hauts cris; partout il a répandu l'effroi, la terreur; partout ses funestes effets ont fait couler les larmes; partout ils ont provoqué les plaintes, le désespoir, et jusqu'à d'horribles imprécations : tels à la fois sont les maux qu'a produits ce fléau dévastateur. Quels sont les cœurs qui n'ont pas été émus au récit de tant de malheurs de tous les genres? Ils ont été la matière des tristes rapports de toutes les feuilles périodiques. Cette fois, la philanthropie des journalistes a été d'accord et en parfaite harmonie : tous ont élevé la voix pour demander protection au Très-Haut, et secours aux hommes : tant il est vrai de dire que si de grands événemens venaient à menacer la patrie, ceux qui, sans raison et sans prétexte, se font une guerre interminable et de partis, signeraient sur-le-champ une trève qui établirait entre eux une paix désirable : mais revenons à notre sujet.

Les départemens de l'*Isère* et de la *Lozère* ont été les premiers frappés par le fléau destructeur de la grêle. Une partie de la *Sarthe* a été ravagée à peu près dans le même temps.

Le département de la *Gironde* n'a pas été ménagé, et l'*Entre-deux-Mers* a été horriblement maltraité.

L'*île de Rhé* a été, pour ainsi dire, bouleversée par un ouragan qui a vomi sur son territoire une prodigieuse quantité de grelons énormes et de pluie qui ont détruit les espérances de l'année et qui laissent de l'inquiétude sur les années qui vont suivre.

Cet orage qui s'est ébranlé d'abord sur l'île de Rhé, a continué sa marche hostile du côté du continent, et il est venu fondre sur le département de la *Vendée;* il a jeté dans 15 ou 18 communes de cette terre hospitalière l'effroi, l'épouvante et la misère. Tous les habitans s'y trouvent réduits à l'état le plus inquiétant et le plus déplorable.

Dans ces mêmes temps le département de la *Moselle*, à l'autre extrémité de la France, n'était point épargné, et plusieurs communes sont dans le cas de réclamer pareillement de justes et d'indispensables secours.

Mais rien n'est peut-être comparable à ce qui est survenu de désastreux dans les départemens de la *Côte-d'Or*, (canton de Saint-Jean de Losne), *du Jura*, *de l'Ain*, et surtout dans celui de *l'Yonne* : partout où la grêle a frappé, partout où elle a porté ses ravages, meubles, bestiaux, herbages, blés, tout a été englouti sous les eaux, et recouvert de terres entraînées : plusieurs cantons cultivés ont été couverts de sable, de pierres, et de vastes contrées sont restées à nu et dépouillées de leur terre végétale. Plusieurs habitans ont été écrasés sous les débris de leurs demeures, et l'on compte dans ces trois départemens plus de 60 à 70 communes qui sont entièrement dévastées : il n'y reste rien, pas plus que dans la partie de la triste commune de *Bercy*, ruinée par le dévorant incendie qui accumule à la fois sur elle les malheurs que nous déplorons.

Enfin, pour parler d'accidens très-récens, le département des *Pyrénées-Orientales* (1) vient d'être à son tour en proie à la plus furieuse des inondations : les eaux

(1) Nous apprenons à l'instant, par la *Quotidienne*, qu'à la date du 17 octobre, leurs Altesses Royales ont envoyé des secours aux diverses communes qui ont été ravagées dans ce département.

ont dépassé de quatre pieds les plus hautes de toutes celles dont on se souvient de mémoire d'homme. Cette inondation s'est étendue dans le département de *l'Aude*, et y a causé les plus affreux malheurs. Les habitans de ces deux départemens ont été les tristes témoins et les victimes des plus horribles désastres. Des canaux comblés, des routes submergées, des ponts emportés, des moulins entraînés, de belles et d'utiles usines détruites par les torrens; et pour comble de tant de maux, un grand nombre de citoyens ont péri dans ce nouveau déluge : tels sont les événemens déplorables dont nous instruit la correspondance du 9 octobre.

XIV. Ames froides qui lisez ces récits, répondez : qu'a fait jusqu'à présent pour vos semblables cet amour si vanté pour l'humanité? Qu'a fait votre charité, celle-même que l'on nomme charité chrétienne : sans doute votre sensibilité a été émue aux récits de ces malheurs. Mais, spectateurs ou auditeurs de toutes ces infortunes, vous êtes loin d'avoir répondu à ces souscriptions ouvertes avec le sentiment d'une compassion soutenue, produite et honorée par un si beau zèle.

Hélas! on doit le dire sans accuser personne : ces souscriptions n'apportent presque point de soulagement, puisqu'elles ne produisent jamais le résultat qu'on en attend. La proposition faite au public, pour remplir l'objet de ces souscriptions, ne frappe que passagèrement les oreilles ; elle ne touche presque pas les cœurs : nous sommes dominés plus que jamais par l'égoïsme, et le bien ne peut véritablement être fait que par des moyens supérieurs; que par le concours de la puissance publique : voilà la ressource à laquelle on est toujours obligé de revenir.

Peut-être cette froide inertie pourrait-elle être attribuée à d'autres motifs : ces motifs peuvent servir à l'excuser. Il est probable que les citoyens se reposent les uns sur les autres, pour les secours qu'on attend d'eux : d'autre part, ils appréhendent que le nombre des hommes charitables et disposés à en fournir ne soit si peu considérable, que le résultat de quelques intentions bienfaisantes et de quelques traits de générosité ne devienne tout-à-fait infructueux pour des cas comme ceux-ci, qui requièrent des secours puissans et immenses.

Cependant, c'est ainsi qu'il ne s'opère rien ou presque rien en faveur de l'infortune : c'est par cette raison qu'il faut recourir aux grands moyens, aux mesures générales qui ne fassent exception pour personne.

XV. Ainsi le moyen, le seul moyen pour arriver au but qu'on s'était proposé par les souscriptions volontaires, sera de faire contribuer tout le monde.

Mais, comment faire contribuer tout le monde? pour quelle somme faire contribuer? quelle mesure proposer? quels moyens à adopter pour arriver à cette contribution? ce sont là des questions, mais des questions qu'il n'est pas absolument impossible de résoudre, quand surtout on est devancé par des intentions si généralement prononcées, et par des vœux universels pour la formation d'une masse de secours suffisans.

La proposition que nous croyons pouvoir mettre en avant ne sera point rejetée, du moins nous le présumons. Elle n'appartient pas à nous seuls; elle est dans tous les cœurs, et aujourd'hui peut-être n'y a-t-il d'autre mérite dans la tâche que nous entreprenons que de l'exposer par écrit : voici la proposition telle qu'on l'a conçue.

Il ne s'agirait que d'opérer une retenue de *deux centimes et demi par franc*, sur tout ce que le trésor public doit payer : cette retenue devrait être faite sans aucune exception; elle devrait porter sur les pensions, sur les retraites, sur les fournitures de toute espèce, sur les traitemens de tous les fonctionnaires publics : enfin, il faudrait faire opérer la même retenue sur les rentes viagères et perpétuelles dues par le gouvernement : tel est le moyen de faire d'abord contribuer ceux qui ont à recevoir. On est pleinement convaincu que toutes les parties prenantes se feront un devoir patriotique de concourir à faire un sacrifice aussi léger en faveur du malheur.

Elles doivent savoir deux choses : d'abord que c'est par l'impôt et par les moyens qu'il procure à l'état, que tant de dettes sont acquittées (1); en second lieu, ils doivent sentir et reconnaître, comme chose tenue pour démontrée, que les contributions de tous les genres ont été, dans *leur quote-part*, supportées *directement* et *indirectement* par la classe de tous ceux dont la position actuelle réclame des secours.

Mais, afin qu'une pareille mesure soit appliquée avec justice, il faut qu'une autre classe de citoyens s'acquitte de ce que nous appelons à juste raison la *dette sociale*. Pour arriver à cette mesure équitable, il faut que tous les impôts *directs* et *indirects* soient augmentés du montant de cette même retenue de *deux centimes et demi par franc*. Ainsi, celui qui aurait à payer dix francs, ajouterait vingt-cinq centimes ou cinq sols. C'est bien là le denier de la veuve : mais si ce denier suffit pour couvrir tous les dommages causés par les incendies, par la gelée, par les inondations et enfin par le fléau de la grêle, désastres qui tous, les uns ou les autres, ont ravagé d'immenses contrées dans tant de départemens; si ce denier de la veuve peut suffire, quel est celui qui se refusera à concourir à cette contribution (2).

Deux centimes et demi par franc sur les sommes à *recevoir* et sur les sommes à *payer* ne dérangeront personne dans les affaires domestiques. Cependant, on peut l'assurer,

---

(1) Tous ceux qui reçoivent un traitement ou le prix de leurs entreprises doivent avoir perpétuellement devant les yeux que ce n'est que par les contributions que l'état peut suffire à acquitter ses charges. Les créanciers de toutes les cathégories sont donc intéressés au maintien de la conservation de la fortune des contribuables dont les taxes ne sont accumulées que pour former la dotation du trésor public.

(2) Il est juste de rendre à tout le monde ce qui lui appartient. M. *Gonnot-Chevalier*, déjà honorablement cité dans une note précédente, a donné au *Constitutionnel* l'occasion de s'expliquer ainsi

cette somme sera suffisante pour opérer la restauration intégrale de toutes les infortunes : *deux centimes et demi par franc* ne présentent point une forte surcharge, et ce sacri-

---

dans son numéro du 24 juillet. « Lorsque nous avons fait connaître » avec quelques détails les malheurs occasionnés par des orages sur » divers points de la France, nous avions pour objet d'inspirer aux » citoyens aisés et sensibles de l'intérêt en faveur des victimes de » ces fléaux.

» Notre voix a été entendue : nos intentions ont été appréciées. » La députation du département de l'*Yonne* nous a adressé une note » que nous nous sommes empressés de publier : ainsi, les personnes » qui désirent venir au secours des infortunés que l'orage du 30 juin » a réduits à l'état le plus déplorable dans ce département, savent maintenant à Paris où ils peuvent aller déposer leurs offrandes.

» Mais les malheurs que nous avons signalés ne sont pas particuliers aux vingt-cinq communes des environs d'Auxerre et d'Avallon : sans doute le mal a été excessif dans cette contrée ; mais il » est d'autres villages qui présentent un spectacle non moins » déchirant, et tous les malheureux ont des droits égaux à la pitié » publique. »

« Un citoyen de Paris nous écrivit le 20 de ce mois la lettre suivante, c'est-à-dire, le lendemain du jour où notre article, sur les derniers orages qui ont occasionné tant de ravages, est paru. »

« Les désastres causés par les derniers orages dont vous donnez » les détails m'ont fait naître l'idée d'une quête à domicile qui » pourrait dans Paris seul produire une forte somme, procurer » quelque adoucissement au sort des malheureux qui sont les victimes de ces orages.

» Vos idées philanthropiques bien connues me donnent la certitude que vous me seconderez en cette circonstance. Voici à cet » égard ce que j'ai l'honneur de vous soumettre.

» La quête serait faite dans tout Paris un jour désigné : un homme » accompagnerait une dame de charité portant la bourse.

» MM. les maires de chaque arrondissement désigneraient, dans » leur circonscription respective, les citoyens qui devraient accompagner les dames de charité ; ces messieurs se feraient sans doute » un plaisir d'être utiles à leurs semblables.

» Je sais qu'une souscription ouverte chez tous les notaires

fice si léger, dont personne ne se plaindra, procurera cependant *quarante millions* qui suffiront pour dégrever intégralement tous ceux qui ont été frappés par les fléaux.

Les sommes qui resteraient d'un sacrifice si pieux devraient être versées à la caisse d'amortissement, pour être un commencement d'économie pour d'autres événemens de la même nature.

Cette réserve, suite d'un essai qu'on aurait fait dans cette année de calamités, deviendra bien utile et bien précieuse, si cet essai peut engager la puissance publique à

» serait un moyen plus commode : mais une souscription serait certainement moins productive. Si cependant vous préférez la souscription, vous voudrez bien m'y porter pour 10 francs.

» UN DE VOS ABONNÉS. »

« Nous avons fait connaître cette lettre en entier, parce qu'elle » renferme un mode qui, utilisé par les autorités constituées, pour» rait donner un résultat favorable aux familles qui ont été ruinées » par les malheurs que nous avons rapportés.

» Ces quêtes pourraient être faites dans toutes les communes. » Chaque maire en ferait connaître le produit à son préfet ; le » préfet au ministre de l'intérieur qui en ordonnerait la répartition, » selon le degré des pertes éprouvées, et surtout selon le besoin des » familles victimes de ce fléau.

» Cette idée appartient à M. *Gonnot-Chevalier*, marchand d'équi» pages, rue des Fossés-Saint-Germain-l'Auxerrois, n°s. 14 et 16. » Nous n'avons fait que l'agrandir, en désirant que l'on étendît » dans toute la France la mesure qu'il proposait pour Paris seule» ment. C'est maintenant à l'autorité à la mûrir et à la mettre en » pratique, si elle la trouve bonne, ainsi qu'elle nous le paraît.

» Déjà quelques personnes se sont présentées à notre bureau pour » souscrire à cet effet, entre autres M. *Rouy*, négociant. En atten» dant que M. le préfet de la Seine et le ministre de l'intérieur » aient pris une détermination à ce sujet, les offrandes pour les » malheureux des environs d'Auxerre seront reçues, ainsi que » nous l'avons déjà annoncé, chez M. *Gillet*, notaire à Paris, rue » Saint-Honoré, n° 354. »

On rapporte ici l'article du *Constitutionnel*, tel qu'il a été donné, afin que le gouvernement et l'opinion publique elle-même puissent prononcer sur la mesure qui sera jugée la plus efficace.

réaliser le beau, le généreux système d'assurance mutuelle contre *les sinistres* accidens produits par les cas fortuits et par tous les accidens de force majeure, indépendans de la volonté de l'homme (1).

Ce plan n'exigerait point la réunion des compagnies *mutuelles* départementales à l'association générale: il ne s'agit point ici de détruire, mais de consolider ce qu'il y a de plus utile et de mieux entendu. Ainsi, les compagnies mutuelles, constituées chacune pour les intérêts qu'elles embrasssent; toutes appuyées sur le crédit moral d'un conseil composé de personnages sages, distingués, sévères, tous du choix des sociétaires; conseil d'administration formé à l'instar d'une représentation permanente pour veiller à des intérêts communs: ces compagnies doivent être respectées, parce qu'elles sont constituées sur un fonds impérissable, toujours croissant en raison des associations qui s'y agglomèrent, ce qui leur conservera la plus haute confiance: « *Secundum fidem vestram fiat vobis.* »

Que demandons-nous? nous sollicitons l'autorité pour en obtenir que la même institution soit placée par-

---

(1) La théorie d'une grande opération administrative qui aura pour objet l'institution dont on s'occupe, est parfaitement exposée dans le *Manuel des propriétaires de toutes les classes*, ouvrage de M. Barreau de Toulouse (Se trouve chez Hocquart, imprimeur-libraire, rue Gît-le-Cœur, n° 8).

Si M. Barreau n'est pas celui qui ait donné la première idée des assurances mutuelles contre la grêle, il est au moins le seul qui en ait fait l'essai en France, pour la circonscription de sept départemens méridionaux.

Cet essai avait parfaitement réussi et allait donner l'exemple à tout le royaume, lorsque l'homme qui avait dans sa politique de vouloir tenir lui-même et lui seul les ressorts de toutes les institutions, détruisit l'entreprise de M. Barreau. Il voulait s'en emparer et la mettre dans sa main de despote. M. Barreau n'a point encore obtenu justice à raison d'une spoliation si scandaleuse. Cependant, c'est ainsi que ce citoyen philanthrope se trouve réduit aujourd'hui à voir des établissemens se former de toutes parts, d'après ses plans, sans y avoir des avantages... *Sic vos non vobis*....

tout où elle manque : nous ne demandons pas autre chose. Certes, nous nous garderons bien d'ébranler la foi due aux assurances mutuelles qui mériteront toujours de conserver leur haut crédit. L'opération des deux centimes et demi va présenter positivement le résultat d'une *mutualité* plus étendue, sollicitée dans l'intérêt de ceux qui n'ont pas encore pu s'accorder pour un semblable régime. Cette disposition administrative et financière opérera donc la réunion générale des autres propriétaires qui, *assureurs* et *assurés*, vont se trouver constitués à l'instar des *mutualisés* dont l'exemple et les services ont ouvert la marche qu'il est question de suivre aujourd'hui.

XVI. Il s'ágit de présenter maintenant le calcul approximatif d'après lequel on pourra voir à quoi s'élevera d'une part la *retenue*, et de l'autre, la *perception* de ces *deux centimes et demi par franc.*

Le trésor public de France, à ce moment, reçoit à peu près, chaque année, la somme de *huit cent millions de francs.* Cette somme de huit cent millions de francs n'est recueillie que pour être divisée, que pour être répandue, que pour payer ce que doit le gouvernement.

Ainsi, *huit cent millions* de recette, ajoutés à *huit cent millions* de dépense, présentent un total de *seize cent millions* qui, à *deux centimes et demi par franc*, produisent la somme de *quarante millions* : cette somme sera suffisante, on l'a déjà dit, pour dégrever intégralement tous ceux qui ont souffert des dommages.

On doit le répéter avec le sentiment de la reconnaissance : quels sont les citoyens qui, pour soulager une classe nombreuse de Français malheureux, ne se relâcheront pas de *deux centimes et demi par franc*, sur ce qu'ils ont à recevoir. On porte le même jugement à l'égard de ceux qui ont à payer : se refuseront-ils à ajouter à leurs impositions la même petite somme de *deux centimes et demi par franc ?* On doit le croire, aucun ne voudra se soustraire à ce léger sacrifice, surtout quand d'une part il connaîtra l'emploi de cette louable contribution, et que de l'autre il acquiert un droit tout-à-fait semblable aux mêmes secours.

C'est par la division d'une taxe aussi mince, mais générale, qu'on arrive à faire contribuer tous ceux qui *paient* et tous ceux qui *reçoivent*, dans la proportion des fortunes, des industries et des moyens de chacun.

Maintenant il s'agit de s'occuper de la mesure à prendre pour mettre en jeu une disposition si salutaire. L'on pense qu'il n'est pas difficile d'y pourvoir d'une manière régulière.

La taxe principale de tous ceux appelés à payer les impôts direts et indirects est arrêtée : le règlement de toutes les créances de ceux qui ont à toucher est déterminé. Ce sont deux points de départ qui doivent être pris en grande considération, en ce qu'il ne peut y avoir ni erreur, ni frais de perception : ceci tient à la taxe et à la facilité de l'exécution de la mesure.

XVII. Mais n'existe-t-il pas une autre difficulté d'ordre majeur : le roi peut-il rendre une ordonnance qui porte sur les contributions? L'impôt n'est-il pas comme l'arche d'alliance à laquelle on ne peut toucher de la main, pas même pour la soutenir? ou bien est-il indispensable de recourir à la puissance trinitaire qui se compose de la réunion des trois grandes autorités de l'état? Ce sont ces difficultés qu'il s'agit de résoudre.

Et d'abord comme il ne s'agit en proposition que d'une surcharge extrêmement médiocre, et d'une très-mince retenue, ce ne sera point, on peut le dire, ce ne sera point violer la loi fondamentale de l'impôt, que de prendre une détermination qui doit donner un résultat aussi avantageux que nécessaire. Tout le monde serait même disposé à quereller ceux qui oseraient se défendre d'y contribuer.

Mais consultons la Charte, sur cette importante question : nous lisons, article 14 : *Le Roi fait les règlemens et ordonnances pour.... la sûreté de l'état.* Cet article va s'appliquer de lui-même aux circonstances dans lesquelles nous nous trouvons.

Nous le demandons, ne peut-on pas être inquiet sur la sûreté de l'Etat, lorsque l'on voit des milliers de familles jetées subitement dans une profonde misère, et toutes réduites à un affreux désespoir, pour n'avoir ni pain ni asiles. Sans doute que l'on doit craindre tout ce que peuvent entreprendre des individus que les besoins les plus pressans viennent assiéger; qui ne voient devant eux que la misère la plus affreuse; qui n'entendent plus que les cris de leurs enfans; qui, pour se procurer une subsistance souvent refusée, peuvent se jeter au milieu de quelque faction, et venir former un corps de mécontens, qui troubleraient la société, au moins pour quelque temps.

D'où viennent la plupart de ces crises qui sapent la prospérité publique jusque dans ses fondemens? ces bouleversemens de fortune que l'on peut mettre au rang des calamités générales? quels sont les événemens qui produisent ces faillites, non frauduleuses, si l'on veut, mais qui jettent les faillis dans le désespoir, et qui ruinent d'autres citoyens, en absorbant les fruits de leur économie.

D'où dérivent les recours aux emprunts usuraires qui finissent toujours par engloutir des patrimoines entiers qui avaient été édifiés, de père en fils, par de longs et de successifs travaux: d'où proviennent et l'impossibilité de payer toutes les contributions, et l'abandon total de la culture; enfin, d'où résultent les désertions du pays natal, la mendicité, le vagabondage, dernier degré de l'avilissement et de l'abaissement de l'espèce humaine.

Ces graves inconvéniens, ces redoutables malheurs sont pour la plupart produits par les événemens que nous déplorons. Bon Dieu! qu'il est cependant facile d'obvier à tant de maux! lorsque nous disons *tant de maux*, et lorsque nous en signalons la série, nous envisageons et nous plaçons à leur nombre toutes les pertes de temps de l'ouvrier et du manouvrier qui n'ont que leur travail à offrir, et auxquels on n'en doit point refuser, quand on a les moyens de le salarier.

Cependant, ces pertes qu'éprouvent l'industrie et l'agriculture, paralysent tous les travaux : les journaliers se trouvent privés des moyens de gagner leur vie et celle de leurs familles ; le laboureur surtout les entraîne avec lui dans sa chute. Que deviendront ces ouvriers de journée qui n'ont plus d'occupation ? ils vont rester oisifs, comme cette terre stérile et déserte qu'ils étaient appelés à cultiver et à faire fructifier. Craignons que ces malheureux ouvriers, forcés de se rendre mendians, ne deviennent bientôt ce qu'on appelle des vagabonds. On peut donc répéter ici ce qu'un grand orateur disait dans un cas à peu près semblable : Il s'agit d'un mal imminent et d'une ressource instante (1).

Les pays où l'on ne voit ni mendians, ni vagabonds, ni voleurs de grands chemins, sont ceux où l'agriculture ne connaît point les inondations, la gelée, les épizooties et la grêle ; ce sont ceux où les travaux pour la culture de la terre sont également et successivement distribués entre toutes les mains, comme ils sont distingués par la succession des saisons.

L'on sait et l'on doit espérer qu'il n'y a plus de troubles à redouter ; qu'il n'y a plus rien à craindre en France à l'égard des complots. La voix paternelle du chef auguste a été entendue dans les départemens, et l'on remarque avec satisfaction que les hommes se rapprochent ; qu'ils se réconcilient ; qu'ils se rattachent de bonne foi à la bonne cause, c'est-à-dire, à la dynastie royale, comme à la charte : tout le monde finit par reconnaître qu'on en sera plus heureux.

Néanmoins, l'on peut dire que la crainte des troubles, que celle des plaintes dont certains mécontens pourraient profiter, sont d'assez puissans motifs pour que l'on s'occupe d'assurer, par plusieurs mesures, la tranquillité publique ; que cette inquiétude de la voir troublée, autorise assez l'autorité royale à prendre par avance tous les moyens

---

(1) *Mirabeau.* (Ass. Const.)

de garantie, tous les tempéramens, tous les préservatifs, enfin, tous les gages nécessaires pour la sûreté de l'Etat.

Ainsi, faire cesser la misère, prévenir la mendicité, prendre des mesures contre le vagabondage (1), assurer aux hommes de journée leurs travaux habituels, par la distribution du travail : certes, ce sera rentrer et dans la lettre et dans l'esprit de la charte qui veut que le roi puisse faire tous les règlemens; qu'il puisse rendre toutes les ordonnances que sa sagesse jugera nécessaires pour maintenir la tranquillité publique.

XVIII. D'autre part, il faut juger sainement un autre article de notre charte : *Aucun impôt*, porte l'article 48, *aucun impôt ne peut être établi, s'il n'a été consenti par les deux chambres et sanctionné par le roi.* La lettre, l'objet et l'esprit de cet article ne présentent qu'une même chose. D'abord, l'obstacle ne s'applique qu'à la création d'un impôt nouveau : or, il n'est pas question d'un nouvel impôt. En second lieu, cet article n'a été écrit que pour prévenir les abus que l'on pourrait faire de l'impôt, dont il convient de régler l'emploi. On répète encore qu'il ne s'agit pas de créer un impôt; qu'il ne s'agit que d'ajouter, d'une part, quelques centimes aux sommes que l'on doit payer à l'état, et de réduire, d'autre part, de quelques centimes, celles que l'état à son tour doit payer à ses créanciers.

Si les conseils-généraux des départemens peuvent ajouter aux taxes publiques, des centimes pour des dépenses locales,

---

(1) Nos craintes ne sont que trop fondées sur ce point. La correspondance instruit que déjà des bandes s'organisent; que de grands crimes se commettent; que parmi ceux que l'on signale, de malheureux Auvergnats, réunis en nombre pour leur sûreté, et portant à leurs familles leur épargnes de l'année, ont cependant été tous assassinés et dépouillés : ce qui suppose une forte réunion de brigands, qui peut s'accroître pendant un hiver qui s'annonce comme devant être très-rigoureux.... On sait encore que plusieurs voitures publiques, que même des *malles-postes*, ont été arrêtées sur différentes routes.

bien moins urgentes sans doute que les secours dont il est question ici, pourrait-on bien contester au roi, magistrat suprême de toutes les magistratures, administrateur-primat de toutes les administrations; pourrait-on contester à sa majesté le droit d'ajouter ce léger supplément à nos charges, quand il est évident que ce supplément a pour objet de recueillir des secours indispensables; qu'il a pour motif d'assurer la distribution du travail, de prévenir la mendicité, d'éloigner le vagabondage, de maintenir la paix intérieure, et surtout de faire un règlement pour la *sûreté de l'état.* Mais écartons toutes les difficultés par l'exposition d'autres raisonnemens.

XIX. Quel est le citoyen appelé ou non appelé à payer *deux centimes et demi par franc*, qui se refusera à donner son consentement à une mesure si salutaire et à des dispositions d'une équité aussi parfaite, aussi pure, aussi louable? aucun sans doute. Ainsi, plus de motif, plus d'opposition, plus d'obstacle qui puisse et qui doive retarder l'ordonnance que le monarque saura donner à cet égard, dans la plénitude de sa sagesse et de sa bienveillance royale.

Le peuple lui-même, dans l'étendue de sa justice innée, dans l'esprit d'un véritable patriotisme et d'un dévouement absolu, toujours prêt à secourir l'humanité, aura déjà devancé, par son vœu, les dispositions de sa majesté: ce vœu sera donc une approbation générale, ou pour mieux qualifier cette mesure et appeler l'acte du gouvernement de son véritable nom, cette ordonnance royale deviendra *une loi publique*, une loi régulière, une loi généralement consentie, puisque tous les individus, appelés pour supporter une taxe légère, y auront pris une part positive par un *consentement.*

XX. Jugeons maintenant la question par les conséquences ou par ce qui peut survenir. Si, à l'occasion de cette ordonnance que nous devons fermement attendre, le ministère pouvait être trouvé accusable et venait même à être accusé, quelle gloire pour lui, que d'avoir encouru une telle disgrâce aux yeux de certains opposans! Quel triomphe que d'avoir à exposer les raisons d'état qui l'auraient fait agir! Quelle belle infraction à la charte! (si toutefois nous pouvons nous exprimer ainsi!) Quelle couronne civique aurait été jamais mieux méritée par le conseil des ministres du roi!

Enfin, pour tout dire, et ceci rentre dans la même question : tout ministère qui, dans des circonstances urgentes et graves, ne saurait pas prendre un parti et une détermination du premier ordre, qui ne saurait pas compromettre sa responsablité, ne connaîtrait point encore la science du gouvernement. C'est ce qui n'est pas à supposer à l'égard du conseil des ministres.

XXI. Cependant, si tous ces obstacles devaient encore arrêter des dispositions si nécessaires et empêcher de faire le bien, quelle serait donc la ressource dernière qu'il s'agira d'employer? n'en soyons point inquiets : assez de membres de l'une ou de l'autre des chambres sauront s'honorer, en appelant l'attention du ministère sur une matière d'une si haute importance; ils n'attendront pas que des pétitions arrivent de toutes les parties de la France, pour solliciter des secours, ou plutôt pour demander qu'on fasse pleine et entière justice à nos victimes. Que d'orateurs citoyens se présenteront de toutes parts, pour plaider aux yeux de la France une si belle cause! comme elle présage déjà l'union de tous les sentimens et de toutes les consciences! quelle gloire pour nos députés, si, comme on doit l'estimer, ils peuvent hâter la formation d'une loi générale qui embrasserait à la fois et les désastres passés et les fléaux de l'avenir. Cette loi restera placée au *budjet*, dans le chapitre des *voies et moyens;* elle sera la loi de tous les âges, parce qu'elle sera celle de tous les besoins, comme celle de toutes les volontés : elle aura pour objet d'afficher un luxe national de bienfaisance.

Sans doute qu'une loi, avec tous ses caractères, doit être préférable à une ordonnance royale; c'est aussi ce qu'il y a de plus désirable, puisque par l'autorité de la loi on verrait consacrer à perpétuité un principe et une institution.

Mais le temps s'écoule rapidement, et les besoins de toutes les natures continuent à s'accumuler; mais ils viennent augmenter partout la misère : les ajournemens qu'exigent les formalités constitutionnelles, les longueurs inséparables de la proposition du roi, celles qu'entraînent et l'examen du projet et une discussion publique dans les deux chambres; les retards devenus obligés par des amendemens respectifs; enfin le nouvel examen de sa majesté : tant de choses qui pourraient renvoyer le projet de loi à une autre session, tant de choses, disons-nous, ne peuvent en ce moment s'accommoder avec l'urgence que signalent les circonstances qui nous pressent de toutes parts.

Cette urgence est telle qu'il n'y a même plus le moyen d'attendre la perception de nos centimes additionnels, et qu'il serait d'une nécessité absolue d'autoriser la caisse d'amortissement à prêter au trésor de l'état son capital de dotation annuelle, afin de procurer promptement les moyens de mettre en jeu notre mesure de salut public. C'est donc à raison de tant de motifs réunis, que l'on doit se fixer d'abord sur une ordonnance, monument administratif qui, indubitablement, sera le précurseur de la loi.

Nous ne terminerons point ce paragraphe sans exposer quel est pour tout le monde le jugement que l'on doit porter sur les institutions en général. Tout gouvernement n'existe que par la réunion des lois, dans un code qui présente les moyens de garantie pour plusieurs intérêts : ces lois sont, pour les peuples, un véritable système *d'assurance*, qui est appelé à continuer à s'étendre à toutes les choses qui peuvent rendre la société plus paisible et plus heureuse.

La police qui veille pour la tranquillité, pour la sûreté et pour l'honneur des familles; l'administration publique qui pourvoit à la confection des routes et à en écarter les malfaiteurs; qui fait éclairer et nettoyer les rues; qui fait distribuer aux indigens du travail ou des secours; qui pour voit aux besoins des malades dans nos hôpitaux ; l'autorité judiciaire, créée pour le maintien de la propriété et pour la répression de la calomnie : tant d'autres établissemens de la même nature, qui sont réunis pour constituer un gouvernement, sont autant *d'institutions* qui prennent leur principe dans cette assurance, proprement dite, que l'on désire voir se généraliser.

Comment se fait-il donc que depuis tant de temps que l'on demande une institution de garantie contre les fléaux, on n'ait pas encore cédé à la raison, à la justice et à tant de besoins communs, en s'en occupant d'une manière ou d'une autre, mais notamment en pourvoyant aux désastres de la grêle, qui de tous les fléaux est celui contre lequel il n'y a nul secours à attendre, ni des hommes ni de la nature. Les soins du maître et des serviteurs peuvent défendre de l'incendie ; on peut, par avance, préparer l'écoulement des eaux pour se garantir d'une inondation ; la nature vient quelquefois réparer les pertes causées par la gelée, en favorisant une nouvelle sève ; mais contre la grêle il n'y a aucune de ces ressources pour prévenir, et la nature elle-même n'a plus le temps de réparer.

Ah ! sans doute espérons que notre institution qui, plus que toute autre, doit défendre la portion la plus recommandable de la société, de la misère et de grandes catastrophes, sera enfin placée parmi les rouages de notre gouvernement, comme l'un de ses plus puissans ressorts : mais d'abord, demandons pour des besoins si urgens, sollicitons provisoirement et avec instance le bénéfice d'une ordonnance qui puisse donner le temps d'attendre les bienfaits définitifs et permanens de la législation.

XXII. Nous avons présenté successivement les moyens propres à obtenir de l'autorité, et l'établissement de notre système général d'*assurance* contre les fléaux, et ceux pour arriver à régulariser l'exécution de la mesure. Si nous avons erré, il s'agit de nous redresser, non sur le *principe*, qui doit rester comme *positif et constant ;* mais de nous replacer dans une voie plus simple, plus franche, mieux assurée, et même encore, si l'on veut, plus libérale.

En répondant à notre proposition, on devra au moins indiquer d'autres ressources; il deviendra nécessaire de s'appuyer sur des mesures plus puissantes, même plus constitutionnelles; il deviendra indispensable d'établir le système sur des leviers d'une assez grande dimension pour faire triompher les principes de notre école... « *Ubi multa concilia sunt, erit salus* (1). »

N'en doutons point; plusieurs administrateurs, plusieurs publicistes ont réfléchi mûrement sur la matière. Espérons que de nouvelles idées plus grandes, plus généreuses, viendront l'enrichir... « *Væ soli, quia cùm ceciderit, non habet sublevantem se* (2)! »

Nous sommes tout-à-fait disposés à rendre grâce à tous ceux qui en traiteront. Ce sera même avec un véritable empressement que nous laisserons fléchir nos ressorts sous l'autorité d'un plan mieux combiné: « *Ubi est perfectio viarum tuarum* (3). »

Ainsi, loin de combattre un autre système, persuadés au contraire qu'il ne peut y avoir rien d'assez perfectionné dans ce qu'entreprennent les hommes, nous nous trouverons heureux d'être aidés à faire franchir tous les obstacles, puisqu'alors on aurait tracé au char une route plus facile et jalonnée plus méthodiquement. De quoi s'agit-il? Il s'agit de faire arriver au but; il s'agit de faire *pour le mieux*. Tel est notre vœu comme citoyen.

Déjà, ainsi que nous l'avons annoncé, l'académie de Marseille s'est occupée très-spécialement du fléau de la *gelée* qui a frappé si généralement le territoire du département, dont les désastres ont dû le plus inspirer sa philanthropie et sa science.

---

(1) Prov. 24, v. 6.
(2) Eccles. 4, v. 10.
(3) Job., cap. 4, v. 6.

Qu'il nous soit permis d'inviter cette honorable réunion de savans, de sages, de citoyens à faire annoncer un nouveau *prix académique* pour celui qui proposera le plan d'exécution le plus parfait, le mieux entendu, afin d'obtenir le perfectionnement des régulateurs de la grande mesure administrative que nous sollicitons... « *Multitudo sapientium sanitas est orbis terrarum* (1). »

XXIII. Terminons, ou plutôt revenons à d'autres considérations (2), qui, toutes d'un intérêt public, politique et d'ordre supérieur, doivent prévaloir et entraîner.

Saisir les fâcheuses circonstances des désastres qui se sont fait ressentir cette année, afin de faire assigner pour tous les départemens une indemnité intégrale et une restauration complète; rendre aujourd'hui aux propriétaires et aux cultivateurs les facultés qui leur ont été ravies, ce sera ouvrir une route facile pour arriver enfin à ce grand et généreux système de l'assurance mutuelle et générale contre l'incendie, contre les inondations, contre la gelée et surtout contre la grêle; ce sera jeter les premiers fondemens d'un plan paternel en finance, d'un tel caractère, qu'il n'a vraiment besoin que d'être proposé pour faire prononcer son adoption.

On l'a déjà dit dans une note qui précède : ce monument administratif, pour devenir applicable aux intérêts divers, ne doit point procéder de ces établissemens particuliers qu'élèvent et qu'entreprennent des compagnies commer-

---

(1) Sap., cap. 6, v. 26.

(2) Nous n'avons pris la plume pour traiter de la matière, que parce que nous avons été convaincus que la mesure des souscriptions serait tout-à-fait infructueuse : c'est à la hâte que nous avons écrit ces considérations, et pour ainsi dire *ex abrupto* : c'est sans hésitation que nous les avons jetées sur le papier. Le lecteur impatient trouvera peut-être que nous nous répétons quelquefois : qu'il veuille bien nous juger avec indulgence : nous n'avons pas pris à tâche de le fatiguer, mais de le persuader.

ciales (1). Un plan qui doit embrasser toute la France ne peut sortir que d'une convention pour une mutualité universelle, qui fixera, qui assurera incontestablement tous les intérêts de ceux qui doivent y prendre part : les établissemens particuliers, mais mutuels, font exception. Ceux-ci réunissent, pour les départemens dans lesquels ces sociétés ont été formées, des sûretés immenses et toujours impérissables. Ce sont ces sociétés érigées en mutualité restreinte, qui ont donné des exemples, pour arriver à la mutualité générale, exemples qu'il faudra finir par adopter. Ces sociétés départementales que nous venons de citer, ont senti que c'était pour elles une chose impraticable que de généraliser la mesure, et l'on doit leur savoir gré d'avoir su limiter leurs efforts (2).

On ne peut trop le répéter, ce plan paternel en finances (3),

---

(1) Il y a mille raisons toutes plus puissantes, toutes plus concluantes les unes que les autres : mais on croit devoir se dispenser de les exposer. Nous écrivons pour pacifier et non pour élever des disputes sur des intérêts, ce qui dégénérerait bientôt en petite guerre, ce qu'il faut éviter ; au surplus, nous laissons à d'autres la discussion que cette matière peut entraîner.

(2) Cependant, si le gouvernement prononçait dans sa sagesse qu'une réunion de toutes ces institutions particulières à l'association générale dût être utile et même nécessaire (ce qui serait une chose facile et ne dérangerait aucune économie), sa justice lui inspirerait indubitablement d'appeler dans cette grande administration quelques-uns de ceux qui les ont créées et propagées, sauf à indemniser, par des compensations raisonnables, ceux qui n'y seraient point admis.

(3) *Plan en finances :* Les économies que fait l'État, pour les répandre utilement, sont les plus efficaces, puisqu'elles ont pour objet la conservation et la reproduction. Nous sommes forcés d'en convenir, nous n'avons point encore de plan de finances; mais si notre mesure est admise, elle en présentera l'un des élémens les plus absolus.

proposé aujourd'hui comme un problème en administration, d'une solution difficile à la vérité, présentera dans son application, et produira par son exécution, tous les résultats importans et honorables déjà indiqués, pour le gouvernement qui aura su en faire son œuvre.

XXIV. On ne répétera plus que cette institution sera l'opération la plus utile pour tous les habitans du royaume, pour ceux de toutes les professions et de toutes les industries : mais, nous nous appuierons sur d'autres considérations qui, autant que cela nous sera possible, seront placées dans leur ordre : on nous excusera de revenir par fois sur des idées déjà exposées : leur union entre elles et l'importance de la discussion le commandent, et nous obéissons : il s'agit d'insister sur tant d'avantages, sur tant de vérités utiles !

Il est déjà avoué qu'on ne doit essuyer de la part d'aucun citoyen ni opposition ni résistance sur l'adoption de notre mesure : les souscriptions ouvertes pour assurer des secours ; les vœux des citoyens, connus par cette liste de souscripteurs ; l'intervention des princes, des hommes opulens et des chefs de plusieurs administrations : tout atteste une volonté si générale, qu'elle appelle de toutes parts les dispositions que l'on attend du chef de l'état.

Eh ! pourquoi tous les vœux ne se confondraient-ils pas ? Pourquoi les citoyens de toutes les classes ne seraient-ils pas d'accord sur leurs propres intérêts ? Les hommes de peine et les fabricans savent aujourd'hui que c'est la terre qui les nourrit et qui les fait travailler tous ; que la ruine de nos cultivateurs doit entraîner celle de plusieurs chefs de manufactures ; que les différentes professions sont si intimement liées entre elles, que la décadence de l'une ne peut avoir lieu qu'en ébranlant les fondemens de l'autre. Tout le monde sait que l'un consomme ce que l'autre fait produire, et que celui qui fait produire achète à son tour ce qu'un autre a fait fabriquer.

Tous les hommes se donnent la main, sans se voir, sans

se connaître, et même sans le savoir, par suite d'un pacte tacite pour tous les échanges : ils sont donc intéressés à l'adoption d'un plan d'assurance générale, pour la conservation des propriétés et des fruits de toute nature. Déjà les sollicitations pour cet intérêt commun se font entendre et jaillissent de toutes parts.

XXV. Doit-on dire que ce système de restauration conservera nécessairement l'équilibre entre le prix des denrées et celui de la main d'œuvre ; que d'échelon en échelon, tous les besoins seront satisfaits ; que tous les bénéfices resteront réglés, liquidés et assurés ; que toutes les aisances se maintiendront dans leur état primitif, et que la distribution du travail si indispensable, demeurera la même qu'antérieurement : « *Mecum sunt divitiæ et gloria (labor)* (1). » Doit-on ajouter qu'aucun mouvement ne sera suspendu ; que tout conservera la vie ; que tout restera animé pour maintenir le bonheur et la tranquillité des hommes ; qu'on n'entendra plus ces réclamations nombreuses, jamais trop écoutées sans voir admettre des préférences ; jamais inscrites sur des registres, sans jeter du désordre dans les comptabilités administratives, et sans risquer de troubler le gouvernement dans sa marche ordinaire.

Ainsi, ce plan d'assurance générale, dominant sur tous les fléaux qui viennent appauvrir, donnera de la confiance dans l'idée de la durée des biens ; il éloignera sans retour toutes les peines que produit l'inquiétude : pour tout dire à la fois, ce système deviendra le plus sûr garant de la félicité publique. Que doit vouloir et que peut vouloir le gouvernement ? N'est-ce pas l'absolu bonheur des citoyens de toutes les classes et de toutes les fortunes ? Peut-on supposer qu'il veuille s'attacher à autre chose ? N'est-ce pas journellement et par tous ses actes, que la volonté et la puissance du mo-

(1) Sal., prov. 8, v. 18.

narque s'occupent sans relâche de rendre ce bonheur commun à tous les Français.

Ah ! sans doute, appeler l'attention des propriétaires sur leurs intérêts respectifs : « *Benigni estote invicem* » ; leur apprendre à jouir paisiblement des charmes de la propriété, et à s'affranchir des chances défavorables auxquelles elle est exposée, « *Et non erit omninò indigens*, *et mendicus inter vos* : » voir le gouvernement prendre des moyens faciles de rendre heureuses jusqu'aux familles les moins aisées, en s'appuyant sur des ressources inconnues jusqu'à présent, « *Ita parvum audieris ut magnum* : » sans doute, toutes ces choses réunies présenteront ce beau et vaste monument, en matière d'administration publique, qui viendra s'étendre à tous les impôts, à toutes les branches de la finance qui régissent et qui alimentent la société (1). Oui, il faut l'exiger, pour ainsi dire. Que ce grand édifice soit élevé, et les Français jouiront en commun d'un bonheur dont on ne trouve encore les élémens chez aucun peuple : l'état sera plus riche, il sera plus puissant par son administration et par les liens qu'on aura fait pratiquer entre les administrés, qu'il ne l'a jamais été au temps de ses victoires les plus signalées. « *En populus sapiens et intelligens*, *gens magna*, *qui habet universam legem justaque judicia.* »

Quel avenir séduisant se déploie ! que de larmes dont la source sera tarie ! quelle jouissance que celle de la propriété, pour soi et pour ses enfans, lorsqu'elle ne sera plus empoisonnée de troubles, d'inquiétudes et de craintes, « *Nec est super terram potestas quæ comparetur ei*, *qui factus est ut nullum timeret*(2) ; » lorsque le laboureur et le propriétaire ne frissonneront plus à l'aspect des nuages

(1) Système proposé dans la *Nouvelle législation de l'impôt et du crédit public en France*. Se vend chez *Delaunay* et chez *Bluet*.

(2) Job., 41, v. 24.

électriques qui viennent menacer les productions de la terre, fruits de leurs soins et des travaux de leur famille, *quos ego !*.... Quelle sécurité pour eux, lorsqu'en bravant, pour ainsi dire, et la fureur des élémens et les caprices de la fortune, ils pourront se reposer sur les bienfaits d'une providence dont on aura créé pour eux le règne et la puissance !.... « *Qui factus est ut nullum timeret.* »

XXVI. Les avantages que l'on sait se procurer, appellent toujours de nouveaux succès. Aussi, tous nos capitalistes se rendront plus faciles pour prêter à la terre dont les fruits seront si bien assurés : on sait que la terre est emprunteuse.

Le monarque et les princes de sa maison se trouveront affranchis des sacrifices qu'ils s'imposent, pour porter des secours aux victimes des événemens destructeurs : alors, ces précieux bienfaits seront répandus ailleurs, dans l'intérêt d'une bienveillance toujours bien appliquée ; ils seront naturellement reportés, dans l'intention d'un autre bien public, à ces utiles dépenses que de nouveaux essais exigent pour l'amélioration de l'agriculture ; ou bien à l'établissement de nouvelles méthodes propres au perfectionnement des arts ; enfin au soutien de nombreuses familles qui, dans un état, sont toujours une partie de la richesse, quand on sait employer tous les bras d'une manière utile : c'est ainsi que de nouveaux actes de bienfaisance viendront remplacer les premiers qui auront cessé d'être nécessaires.

Quel autre bien ne produiront pas ces beaux exemples ? sans doute ils ne seront point perdus : ils serviront à indiquer à nos capitalistes le noble emploi qu'ils doivent faire de leurs trésors ; car ceux-ci voudront s'honorer, en marchant sur les traces de nos premiers bienfaiteurs : ils s'empresseront de se signaler par des encouragemens qu'ils ne craindront plus de donner, soit parce que la propriété sera garantie, soit parce qu'ils tiendront à honneur de mérides récompenses publiques, par lesquelles on fait tant de conquêtes sur l'opinion et sur les cœurs français.

Les ventes, les mutations deviendront plus fréquentes, et seront portées à un plus haut prix, puisque les propriétés seront soustraites à ces risques de tous les genres. Quelle est la mesure qui aura produit tant de choses? ce sera le sacrifice le plus exigu; une offrande insensible faite à l'humanité; une mince économie, pour la retrouver au besoin : ce sont ces petites choses cependant, qui produiront un bien aussi immense et aussi général. Le denier de la veuve, dans la main de l'administration publique, va devenir un puissant trésor qui suffira pour distribuer les dédommagemens, pour les proportionner aux pertes, et pour faire publier en termes nouveaux, *que tous les genres de désastres ont cessé pour la France.*

Si ce système devient conservateur pour ce qu'il embrasse visiblement, il le sera encore pour des intérêts d'une autre nature et d'une grande importance; car toutes les volontés, ainsi unies par un lien commun, seront disposées à repousser et à combattre toutes les innovations, tous les changemens, toutes les commotions qui pourraient avoir pour objet de renverser des institutions utiles, et de rompre le pacte de famille, en nous séparant de notre chef auguste : « *Posthàc vocaberis civitas justi, urbs fidelis* (1). »

XXVII. Il faut le dire, puisqu'on en trouve l'occasion : ce sont les bonnes institutions, ce sont les institutions solides qui sont véritablement conservatrices des gouvernemens : ce sont ces associations mutuelles que l'on propose de toutes parts (2) qui deviendront pour l'État des points

---

(1) Isaiæ, cap. 1, v. 26.

(2) Le roi, dans sa bonté, accueille par des ordonnances toutes les institutions nouvelles que sa haute sagesse juge dignes de fixer

d'appui et la clef de la voûte. La réunion des hommes, par des intérêts réels, doit les maintenir unis pour repousser les troubles qui pourraient venir reculer l'époque de notre tranquillité : ce sont ces monumens administratifs qui rallieront les Français sous les mêmes bannières, pour porter ensemble les mêmes vœux, les mêmes offrandes et des actions de grâces aux pieds de cette divinité de la paix, que l'esprit de faction n'empêchera point de régner sur la France, ni d'y consacrer l'union des peuples avec leurs rois : « *Civitas justi*!.... *Urbs fidelis*!.... »

Les Romains, rentrés dans leurs foyers, après leurs victoires signalées, ne pouvaient point goûter le repos; il eût été mortel pour eux : tous avaient besoin d'être occupés : autrement ils fussent restés peu paisibles, et même ils eussent été souvent prêts à se jeter dans les factions.

Le sénat le savait : aussi, à ceux qui demandaient du travail, il faisait le partage d'une partie des terres conquises ; aux autres, il faisait distribuer du pain et leur faisait ouvrir fréquemment les spectacles : *Panem et circenses*. C'était là le funeste emploi du temps pour les oisifs; c'était l'occupation qu'à certains âges de la république on était comme obligé de leur accorder. Sans doute la distribution du travail eût mieux valu, elle eût été plus fructueuse et pour la santé et pour les mœurs : « *Mecum sunt divitiæ et gloria.* »

Mais puisqu'à ce jour nous parlons de la France, nous dirons : *autres temps, autres mœurs :* nos nationaux couverts de gloire, qui ont appris dans les camps à aimer la patrie, veulent la voir toujours éclatante de son lustre et de la même splendeur : ils veulent retrouver dans l'administration intérieure d'autres triomphes et cette supério-

---

les regards et la confiance du public. A mesure que ce bien se développe, on croit plus que jamais que le roi veille sur tous les intérêts de la société. Mais combien reste-t-il encore d'institutions à créer, dont on pourrait indiquer l'utile objet!

rité qui a toujours distingué les Français dans les combats ; aujourd'hui, on demande que tous les moyens de rendre le peuple grand et heureux soient éminemment au-dessus de ceux employés chez les autres peuples : c'est à cet effet que de toute part l'on demande les institutions les plus solides, les plus fortes, celles propres à élever davantage le caractère national. Saisissons ce moment favorable aux améliorations de tous les genres, celui où les peuples, après avoir été agités par des troubles violens, ont enfin rencontré le gouvernement qui convient à leur position et à leurs lumières (1). Le siècle des choses est arrivé, je l'ai déjà dit : ce siècle s'agrandit sous tous les rapports : est-ce pour le bien ou pour le malheur de l'humanité ? On n'agitera point cette question : mais on dira qu'il faut marcher avec lui, ne fût-ce que pour le dominer ensuite dans ses écarts et pour profiter de tout ce qu'il peut créer d'utile, de grand et d'honorable.

XXIX. Si cette année a été fatale à la France par l'effroya-

---

(1) La création de toutes les institutions qui nous manquent encore, présentera un autre avantage, celui de distribuer les moyens de travailler à des milliers de citoyens qui ne demandent autre chose que de voir employer leurs bras et leur intelligence.

Rappelons-nous que pendant trente ans, la France n'a connu que les actes d'un pouvoir absolu ; que la pensée y a été enchaînée ; que les députés des deux chambres n'étaient que le conseil des muets ; que la nation était dominée par un état de violence qui ne laissait d'autre profession que celle de guerrier.

Pour changer cette situation politique, il a fallu opérer dans l'Etat un grand mouvement dans les pouvoirs et dans les institutions : ce n'est qu'ainsi que l'on déplace l'opinion et qu'on la ramène de ce qu'elle a été à ce qu'elle doit être dans un pays si nouvellement rendu à une liberté bien entendue. Ainsi, la route qu'il s'agit de continuer à suivre, est de remplacer toutes les institutions violentes par des établissemens de paix, de bon ordre et d'utilité publique, propres à faire bénir dans tous les âges la bienfaisance si paternelle du monarque.

ble malheur de l'horrible meurtre d'un prince de la famille royale, l'appui et le protecteur de tant d'infortunés ; si elle a été si funeste pour plusieurs départemens, par la perte de partie des récoltes des années précédentes (1), et surtout par celle de tant de productions qui s'annonçaient avec tant d'abondance ; que cette même année soit au moins signalée par la paix intérieure, présagée par la naissance de ce nouvel HENRI que nous accorde la Providence ; qu'elle soit également remarquable par la création d'une institution qui contribuera tant à étendre et à perpétuer la prospérité publique. Demandons donc à sa majesté de consacrer l'heureuse naissance de ce Bourbon, en plaçant notre institution sous le patronage de ce jeune rejeton de saint Louis : que HENRI DE BORDEAUX, sous l'égide d'une noble et royale princesse, épouse et mère de douleur et de gloire ; que cet enfant des rois y représente dignement ce Bourbon si regretté, victime infortunée, qui se serait fait une si douce jouissance d'attacher à notre institution son nom, comme l'eût fait lui-même Henri IV, *le père de la famille* (2).

---

(1) L'incendie des magasins de Bercy.

« (2) *Je veux que tous les Français puissent mettre la poule au* » *pot* : nobles et simples expressions d'un cœur grand et généreux ! » vous retentissez dans mon âme. Puissé-je, en vous répétant, faire » naître dans ceux qui me liront cet enthousiasme dont je suis pé- » nétré ; puissé-je avoir bien interprété la pensée de ce bon Roi ; et » puisse son ombre révérée applaudir aux efforts que je vais tenter » pour exécuter son sublime projet. » (M. Barrau, p. 3.)

On voit que M. Barrau, qui vient de parler, considère notre institution comme devant assurer aux Français *cette poule au pot*, promise par ce grand prince. C'est ce monarque lui-même qui s'est nommé *le Père de famille*, dans sa réplique à l'ambassadeur d'Espagne. Celui-ci rappelait au Roi des temps qui n'avaient pas toujours été heureux pour la France.... « *C'est que dans ces temps*, » *le père de famille n'y était pas ; aujourd'hui qu'il y est, il a soin*

Sans doute que si, par l'auguste patronage de notre prince nouveau-né, l'institution pouvait recevoir cette dotation politique qui lui attacherait un nom si grand et si cher, celui de Henri IV, un protectorat d'un tel caractère emporterait avec lui un autre apanage, et les heureux présages dont on saura reconnaître par la suite la puissante influence : « *Et in omni opere manuum tuarum eris in lætitiâ* (1). »

O France, patrie illustre, puisses-tu bientôt jouir de l'objet de ces vœux formés depuis tant d'années! que nos voix presque expirantes de fatigue soient entendues et que nos efforts soient couronnés par un succès!

On le demande par enthousiasme : que toutes les difficultés soient levées; que tous les obstacles soient franchis; que le char puisse arriver majestueusement au but qu'on lui assigne. Rien n'est impossible de ce qui est raisonnable, quand on a une volonté fortement prononcée.

Je le demande plus spécialement pour moi : avant qu'un peu de terre ne recouvre ma cendre et ne soit devenue mon dernier asile; avant ce dernier moment de l'existence, où sous des yeux éteints je perdrai l'aspect de la nature, qu'il me soit enfin accordé, ce bonheur si pur, de saluer la France en disant ainsi qu'il est écrit : « *Quàm pulchra tua tabernacula, Jacob! et tentoria tua Israel!....* (1). *Que vos tentes sont belles! quel ordre, quelle majesté dans vos pavillons!....* Ainsi, en fermant la paupière, me confiant sur le peu de bien que j'aurai fait, plus heureux de n'avoir point fait de mal, et fort de la foi et de l'espérance, derniers appuis de ceux qui quittent la vie, que je

---

de ses enfans, et ils prospèrent.» Sublimes paroles que Louis XVIII peut répéter avec la même dignité qui les enrichissait dans la bouche de son glorieux aïeul.

(1) Deut., cap. 16, v. 15.

(1) Lib. de num, cap. 24.

puisse m'écrier : « O ma patrie ! j'ai vu ton salut et ta » gloire : *Viderunt salutare tuum....* : maintenant, je » descendrai dans la nuit du tombeau avec la paix de » l'âme et l'aspect de cette autre vie où il n'y a plus » ni mort ni séparation. « *Et beatos vos dicent omnes gentes : eritis enim vos terra desiderabilis.* (Malac, cap. 3, v. 18.)

POST-SCRIPTUM.

En partant d'une série de *trente années*, celles de 1812 et de 1820 ont présenté le plus de désastres. M. Barrau, qui s'est fait un devoir d'étudier la matière dans tous ses élémens, a présenté l'année de 1812 comme l'une des plus funestes et comme devant exiger une masse de *vingt-sept millions* pour couvrir les pertes de tous les genres survenues dans tous les départemens de la France.

Les fléaux et les cas fortuits ont été et plus graves et plus multipliés encore dans cette présente année 1820 : nous avons des données d'après lesquelles on doit porter les pertes à *quarante millions*.

Cependant, ce ne sera point s'écarter de l'estimation présumable des pertes en général, en la réduisant pour chaque année et par terme moyen à un capital de *vingt millions*.

En effet si pour une année extraordinairement calamiteuse, on eût pu faire face à toutes les indemnités de l'année 1812, par le moyen d'un capital de *vingt-sept millions*; si le capital de *quarante millions* est devenu nécessaire pour couvrir celles de 1820; mais aussi, si huit, dix, douze et quinze millions peuvent suffire pour d'autres années, nous pouvons prononcer que *vingt millions* seront le terme moyen pour les indemnités de chaque année.

Or, si les *deux centimes et demi* de retenue à faire sur toutes les dettes annuelles de l'Etat; si une augmentation pareille de *deux centimes et demi* sur la perception de toutes les natures d'impôt, donnent *quarante millions*, nous trouverons une diminution notable sur le sacrifice que l'on sollicite, puisqu'il se trouvera naturellement réduit *de moitié*, à raison de la même réduction *de moitié* du capital devenu nécessaire pour couvrir les indemnités. Il ne s'agirait donc plus que d'un *centime et quart* pour *cent*, soit en *augmentation* des contributions de toute nature, soit en *retenue* sur les sommes que doit le gouvernement. C'est bien le moment de répéter que c'est le *denier de la veuve* qui vient opérer le salut public. Quel sera le citoyen français qui osera se refuser à contribuer *d'un centime et quart* pour *cent*, pour venir au secours de toutes les infortunes? Créanciers de l'Etat, négocians, propriétaires, cultivateurs, tous indubitablement sont intéressés à l'adoption de la mesure.

www.ingramcontent.com/pod-product-compliance
Ingram Content Group UK Ltd.
Pitfield, Milton Keynes, MK11 3LW, UK
UKHW020351250726
13967UKWH00005B/2219

9 782013 074773